経済学概論

矢口和宏・坂本直樹 —— 編

執筆者一覧

編　集

矢口　和宏（やぐち　かずひろ）　敬愛大学

坂本　直樹（さかもと　なおき）　山形大学

執筆者（五十音順）

荒井　壮一（あらい　そういち）　秋田大学	第5章
石田　裕貴（いしだ　ひろたか）　神戸学院大学	第3章
伊藤　健宏（いとう　たけひろ）　東北学院大学	第4章
坂本　直樹（さかもと　なおき）　前出	第7章
迫　一光（さこ　かずみつ）　広島修道大学	終章
佐藤　浩之（さとう　ひろゆき）　横浜商科大学	第6章
矢口　和宏（やぐち　かずひろ）　前出	序章、第1章
渡邉　聡（わたなべ　さとし）　愛知淑徳大学	第2章

はしがき

　経済学の入門書は数多く市販されているが、あえてそのような状況で本書を出版するのは、以下の諸事情によるところが多い。

　現在、多くの大学・短大では「セメスター制（2学期制、半期制）」を導入している。この制度のもとでは、1科目（90分講義）が14回〜15回で構成され、最終試験を経て2単位が付与される。そのため、学生は簡潔に要領よく経済学の基礎を習得することが要求され、教員は半期で、ある程度体系立った経済学の知識を提供することが必要とされる。

　昨今では、既存の学問分野に根ざした学部・学科（経済学部・経営学部）に加えて、学際的に横断的な意味を持たせた学部・学科（ビジネス情報、国際教養、政策関係、地域関係など）で学ぶ学生が増えてきた。これらの学部や学科でも経済学の授業は中心的な位置を占め、1年生の前期か後期の段階で経済学の入門が教えられている。しかし、カリキュラムによっては、入門レベルを超えた経済学を学ばなくてもよい場合がある。さらには、経済・経営系以外の学部・学科に進学し、経済学は一般教養科目で半期（2単位）しか学ばないという人も多い（このケースが一番多い）。

　このような状況を鑑みれば、経済学の入門書としては、半期2単位のセメスター制に合わせたもののニーズは高いと思われる。本書はこれらの点を十分に考慮したうえで、以下の3点からなる特徴を有している。

① セメスター制を意識し、15回の講義に相当するように編集されている。具体的には、序章が1回、第1章から第6章までが各2回の計12回、そして第7章と終章が各1回である。
② 序章は高校の公民科教科の「現代社会」や「政治・経済」の学習範囲からなっており、社会科としての経済から経済学への橋渡しの役割を担っている。その一方で、終章はこれからの経済学の学び方や本書の次に読むべき参考文献を示し、公務員試験や各種資格試験における経済学の出題傾向についても説明している。

③本書は、基本的には経済原論（ミクロ経済学とマクロ経済学）を中心とした入門書であるが、「ゲーム理論入門」（第6章）と「日本経済の歩み」（第7章）といった内容も取り入れている。

以上の3点は現在市販されている経済学入門書にはあまり見られない特徴であり、本書の存在意義となっている。読者はこの一冊で高校時代の復習に始まり、大学で学ぶ経済学の基礎、そして、これからの経済学とのつきあい方を習得することができる。

なお、本書を教科書として使用する教員にとっては、授業の仕方は教員の裁量に任されるものであるから、必ずしも前述した①の内容に縛られる必要はない。例えば、序章、第7章、終章を省いて、その分をミクロ、マクロ経済学の話題に充当するという方法もある。また、授業進度を落として、本書にはない話題を加えていけば、4単位の授業の教科書にも使用できると思われる。本書はこのような利用の仕方にも十分耐えられるようにつくられている。

本書の作成にあたっては、各執筆者が自分の関心や専門分野に近い章を担当し、編者の矢口和宏と坂本直樹が全体の調整を施した。日頃、各執筆者は経済学関係の講義やゼミを行っているが、みな非経済学部に所属しており、経済学を専門としない学生に対する講義経験が豊富である。その意味では、本書のような教科書を作成するうえでは最適な執筆者陣であると自負している。また、執筆者の一人でもある石田裕貴氏には、編者のサポートで力添えをいただいた。ここに記して感謝申し上げたい。

最後に、株式会社みらいの稲葉高士氏には本書の企画の意義を十分に理解いただき、本書を出版するきっかけをつくっていただいた。そして、同社の西尾敦氏には、編集者として十分な体制をとっていただき、教科書執筆に不慣れな執筆者たちを導いていただいた。この場を借りて深く感謝の意を表したい。

2016年3月

矢口和宏・坂本直樹

目　次

はしがき

序章　　経済学への招待

1. はじめに　9
2. 経済活動と経済体制　70
3. 経済主体と経済循環　73
4. 財政と金融の概観　76
5. 各章の概要　79

第1章　　選択と取引

1. 資源の希少性　27
2. 合理的な意思決定　26
3. 特化と取引　30
4. 比較優位の原理　32
- Column　経済学の適用範囲　39
- ●演習問題　40

第2章　　需要・供給分析・基礎

1. 需要曲線と供給曲線　47
2. 市場価格と取引量の決定　45
- Column　新しい経済学「実験経済学」とは　47
3. 需要曲線・供給曲線のシフト（移動）　48
4. なぜ市場均衡を目指すのか？：余剰分析　53

Column 「電力自由化」で電気料金は安くなる？　59

●演習問題　60

第3章　需要・供給分析・ビジネスと政策への応用

1．弾力性　64

2．企業の価格設定　69

3．市場の失敗　74

4．政府の公共政策　79

Column　情報の非対称性と銀行の役割　84

●演習問題　85

第4章　GDP・物価・失業

1．経済をマクロでとらえる　87

2．GDP（国内総生産）　88

3．GDPの三面等価の原則　96

4．物価と失業　99

Column　経済統計の探し方　104

●演習問題　105

第5章　経済成長と安定化政策

1．マクロ経済の需要と供給　107

2．経済成長と景気循環　113

3．安定化政策　118

4．経済成長の要因　123

Column　ケインジアンと新古典派における政策観の違い　728
●演習問題　729

第6章　　　　　　　　　　　　　　　　　　　ゲーム理論入門

1．ゲーム理論　737
2．囚人のジレンマゲーム　736
3．経済活動におけるゲームの例1：企業間競争　740
4．経済活動におけるゲームの例2：チェーンストアゲーム　742

Column　オークションとゲーム理論　750
●演習問題　752

第7章　　　　　　　　　　　　　　　　　　　日本経済の歩み

1．はじめに　753
2．戦後復興期　755
3．高度経済成長　757
4．高度経済成長の終焉と経済危機　759
5．貿易摩擦とバブル経済　760
6．バブル経済の崩壊と失われた20年　762
7．今後の日本経済　764

終　章　　　　　　　　　　　　　　　　　　　経済学とのつきあい方

1．これからの学び方　767
2．公的試験と経済学　770
3．今後の学習のための参考文献案内　775

引用・参考文献　*180*

演習問題解答　*182*

索引　*194*

経済学への招待

1 はじめに

　今日の社会は、新聞、テレビ、インターネットなどを通じて、経済にかかわるニュースで溢れている。経済成長、インフレーション、失業、財政赤字といった言葉は、一度はどこかで見聞きしているだろう。当然のごとく、これらの経済現象は経済学の対象である。さらには、少子高齢化対策、地球環境問題への対処、地域振興やまちづくりといったことも経済学の守備範囲にあり、経済学の適用範囲は、経済という言葉から想像できる範囲よりも広いものである。

　一方で、私たちが日々の生活を営むためには、好むと好まざるとにかかわらず、経済活動を行わなければならない。例えば、コンビニエンスストアで朝食用のパンを購入することは、パンとお金の交換という点で立派な経済活動である。また、大学に行くためにバスに乗るという行動も、それはバスが提供する交通サービスの購入という経済活動である。そして何よりも、日々の生活を営むためには仕事をして収入を獲得しなければならない。人は経済活動から完全に離れることはできないのである。

　このように、経済は私たちの生活に欠かすことのできないものであり、それに関する知識は、ないよりもあったほうが望ましい。これより読者が学びはじめる経済学は、経済の見方を学び理解するための分析道具であり、経済をよりよく見るための眼鏡ないしは経済を読み解く文法に相当する。

　本章では、大学で学ぶ経済学のための基礎事項を取り上げる。これから紹介

する内容の大半は、高校の公民の「政治・経済」の範囲でもある。したがって、高校時代に「政治・経済」をしっかりと学習してきた人は、本章を復習や確認のつもりで読んでもらえれば結構である。

2 経済活動と経済体制

●──経済活動

基本的な経済活動は**生産**、**分配**、**消費**である。生産とは、労働、資本、土地、エネルギーなどの**生産要素**を用いて、食料品や家電製品などの有形な**財**をつくり、医療や教育といった無形の**サービス**を生み出すことである。特に、労働、資本、土地は**生産の三要素**と呼ばれている。資本は一般的にはお金のことを連想しがちであるが、経済学でいうところの資本には、お金のみならず機械や工場などの実物的な資産も含まれている。

財という言葉には注意が必要である。財というよりは、むしろ商品といった言葉の方がなじみ深いと思われるが、経済学では財という用語を用いる。財はその用途によって**資本財**と**消費財**に区別される。また、消費財は物理的な耐用年数によっても区別され、家電製品や自動車のようにある程度の耐用年数があるものは**耐久消費財**と呼ばれる（図序－1）。

分配とは、生産した成果を生産要素の所有者に所得として分けることであり、消費は分配された所得によって財・サービスを購入することで、欲求を満たすことである。

図序－1　財・サービスの区分

```
                  ┌ 資本財………生産活動に投入される財
                  │        例）機械や設備
                  │ 消費財………最終的に消費される財
    財・サービス ┤        例）耐久消費財……自動車、家電製品
                  │            非耐久消費財…食料品など
                  │ サービス……無形の経済活動
                  └        例）医療、教育
```

生産、分配、消費はどんな社会であっても普遍的に行われるものであり、時代とともにその方法は変化してきた。自分で消費するものは自分で生産するという**自給自足**の時代もあれば、現代のように、一つの仕事に従事した**分業**を中心とすることもある。

　どのような時代においても、経済的な欲求と比較して生産要素や財・サービスの量は限られている。経済学ではこのことを**資源の希少性**と呼び、経済の基本問題として認識する。資源が希少だからこそ、経済活動はうまく効率的に行わなければならない。経済には**資源配分の効率**が求められるのである。さらに、経済活動に求められるのは**所得分配の公平**である。なぜなら所得がごく一部の人に大きく偏っているというような状況は好ましいものではないからだ。

　このように、経済活動には効率と公平が求められるが、効率を追求すれば公平が失われ、公平を追求すれば効率が失われるといった関係にもなる。両方を同時に追求できない状態は効率と公平の**トレードオフ**と呼ばれている。

●──経済体制

　では、生産、分配、消費といった基本的な経済活動をどのように行うのであろうか。それは、**経済体制（経済システム）**と密接に関係している。現代の世界の経済体制は、生産要素の所有形態や資源の配分方法の違いから、大きく**資本主義市場経済**と**社会主義計画経済**に区分される。

　資本主義市場経済とは、**私有財産制**と自由競争に基づく企業の営利活動を保障する。そして、資源は需要と供給に基づいた市場によって配分される。市場では財・サービスや生産要素の価格が需要と供給を反映して自由に変化し、それが共通の情報となって資源の効率的な配分をつかさどっている。このような働きを**市場メカニズム**、ないしは**価格メカニズム**という。日本をはじめ欧米諸国はこの体制を採用している。

　社会主義計画経済とは、原料、機械、工場などの生産手段に**公有制**（共同所有）を採用し、資源は中央の経済当局の指令・命令によって配分されるシステムである。資本主義市場経済における市場と価格の役割が、中央の経済当局の

図序−2　世界の経済体制

指令・命令に任され、企業の営利活動の自由は保障されない。旧ソビエトや旧東欧諸国が採用していたのがこの体制の典型例である。その一方で、社会主義国家を表明していながらも、積極的に市場経済を導入している国もある（図序−2）。

　中国やベトナムは、当初は旧ソビエトのような社会主義計画経済を採用していたが、経済の停滞が進み、1980年代中頃からは経済体制の方向を転換し始め、資本主義市場経済の要素を取り入れるようになった。特に中国は、1993年の憲法改正によって**社会主義市場経済**を公式に表明した。それ以後、営利活動を追求する株式会社の承認など、市場経済の要素が本格的に導入された。

●——**混合資本主義経済**

　2つの経済体制について見てきたが、その優劣は、歴史が証明しているように、資本主義市場経済の方が社会主義計画経済よりも優れている。20世紀末に起きた旧ソビエトの崩壊や東欧諸国の体制変更、さらには、現在も社会主義計画経済を採用している国の低迷からも明らかである。

　一方で、資本主義市場経済はすべてを解決する万能な体制ではなく、**市場の失敗**や**所得分配の不平等**といった問題が生じる。それらの解決には、自由な経済活動を保障しつつ政府による経済への積極的な介入が行われている。このような特徴から、現代の資本主義市場経済は、市場での自由な経済活動と政府による積極的な経済への介入が共存する**混合資本主義経済**と呼ばれている。本書

で展開する経済学も、混合資本主義経済の枠組みに沿ったものである。

3　経済主体と経済循環

●──経済主体

　一国の経済活動のまとまりを**国民経済**と呼ぶが、そこでは非常に多くの企業や個人による生産活動、消費活動が絶え間なく繰り返されており、それぞれの企業や個人がかかわり合いを持ちながら経済活動を営んでいる。

　国民経済を分析するには、経済活動を営んでいるすべての個人や個々の企業の行動を詳細に検討することが理想であるが、それはあまりにも膨大な作業で不可能である。そのため、経済学では無数の個人や企業を、それぞれ単一の**家計**と**企業**で表し、それに**政府**を加えた3つの経済主体に単純化したうえで分析を行う（図序－3）。

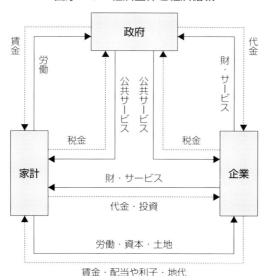

図序－3　経済主体と経済循環

注：点線は貨幣の流れを表している。

家計とは個人や家族の総称であり、企業に労働、資本、土地といった生産要素を提供し、その対価として賃金、配当や利子、地代などの所得を受け取る主体である。家計は受け取った所得から最大限の欲求を満たすように財・サービスを購入するが、所得のすべてを使いきるわけではなく、一部は将来の消費のための**貯蓄**として残しておく。貯蓄は銀行預金という間接の形か、株式のような直接の形で最終的に企業に貸し出される。

　企業は家計から購入した生産要素を組み合わせ、財・サービスを生産し、それを家計や政府に販売することによって利潤を得る。企業が獲得した利潤の一部は、家計への配当や利子、政府への税金として支払われるが、残りは**内部留保**として企業内部にとどまる。生産拡大のために機械や設備などを購入することを**投資**というが、内部留保は投資の資金にも用いられる。

　政府とは国だけでなく、都道府県や市町村といった地方公共団体も含めた総称であり、家計や企業から税金を徴収して、さまざまな公共サービスを提供する。

●——経済循環

　経済主体間での取引は必ず**貨幣**を媒介としており、財・サービスや生産要素の流れの反対には貨幣の流れがある。経済主体間の財・サービスと貨幣の流れは**経済循環**と呼ばれる。

　貨幣は財・サービスの価値尺度となって、取引のための**交換手段**として機能するほか、**価値貯蔵手段**としての役割もある。通常、貨幣は紙幣と硬貨からなる**現金通貨**のみが考えられがちだが、現代では普通預金や当座預金といった銀行預金も取引の決済手段として利用されるので、経済学ではこれらの預金も貨幣に含めて考える。このような預金は**預金通貨**と呼ばれる。

　また、財・サービスは国境を越えて取引される。外国とは財・サービスの取引や資金の貸借を通じて国内の経済と密接に結びついているため、経済循環は外国を経済主体として含んだ形に拡張される。自国だけでなく外国との取引を含んだ経済循環は**開放経済体系（オープン・エコノミー）**と呼ばれ、自国と外

国との間で行われる財・サービスの取引のことを**貿易**という。貿易においては、自国が生産した財・サービスを外国で販売することを**輸出**といい、外国が生産した財・サービスを自国で消費することを**輸入**という。

●――為替レート

　通常、各国は自国の通貨単位を保持している。そのため、外国との経済取引は異なる通貨間で行われる。異なる通貨間で行う決済の仕組みが**外国為替**であり、その際に適用される通貨間の交換比率が**為替レート**である。

　為替レートの表し方は2通りある。外国通貨1単位に対して自国通貨がいくらになるかを示す方法が自国建て（邦貨建て）であり、自国通貨1単位が外国通貨でいくらになるかを示したのが外国建て（外貨建て）である。日本では自国建てを主に採用しており、1ドル＝100円のように表される。為替レートは外国通貨の需要と供給の関係によって決定され、日々の需給関係の変化によってレートは変動する。このように為替レートが決まる仕組みを**変動相場制**という。

　自国通貨の対外価値が上がることを為替レートの増価という。例えば、1ドル＝100円から1ドル＝90円になった場合は、1ドルをより少ない円で交換できるので為替レートの増価である。このようなケースは**円高**と呼ばれる。円高の場合、外国で生産された財・サービスは安く購入できるので輸入は増加するが、自国産の財・サービスは外国では割高になるので輸出は減少する。

　これとは反対に、自国通貨の対外価値が下がることを為替レートの減価という。例えば、1ドル＝100円から1ドル＝110円になった場合は、1ドルをより多くの円と交換しなければならないので為替レートの減価であり、**円安**である。円安の場合、自国産の財・サービスは外国では割安になるので輸出は増加するが、外国で生産された財・サービスは以前よりも高くなるので輸入は減少する。

4　財政と金融の概観

●——財政の役割

　混合資本主義経済における政府は国民経済に多大な影響を及ぼし、また重要な役割を担っている。政府による経済活動のことを**財政**といい、国、地方公共団体の活動に応じて**国家財政**と**地方財政**に区分される。

　財政の役割は3つに分けられる。第1の役割は**資源配分の調整**であり、国防や警察といった社会の治安維持、さらには道路や公園といった**社会資本**の提供がその代表例である。このような財・サービスは多くの人が利用し、適切な対価は徴収できない。これらの性質を持つ財・サービスは**公共財**と呼ばれるが、その生産は企業では限界があるので、政府により生産される。さらには、**市場の失敗**への対処も資源配分の調整の見地からは政府の重要な役割である。

　第2の役割は**所得の再分配**である。市場経済は自由競争の結果、所得分配の不平等が生じることは避けられず、政府にその不平等を緩和する役割が期待される。具体的には、所得税などに取り入れられている**累進課税制度**により、高所得者からより多くの税金を徴収し、これを生活保護費や社会福祉費として低所得者に移転することで所得を再分配する。

　第3の役割は**経済変動の安定化**という景気調整の機能である。不況期には公共投資や減税を実施して所得や消費を増やし、景気を回復させようとする。一方、好況期にはそれらの逆のことを実施して所得や消費を抑制し、景気の過熱を抑えようとする。このような政府による調整を**裁量的財政政策（フィスカル・ポリシー）**という。

　一方、景気の安定を第一の目的としてつくられた制度ではないが、結果的にその制度が景気の安定に役立つことがある。例えば、失業保険は不況期にはその給付が増え、消費支出の減少をある程度防ぐ。また、累進課税制度は好況期には所得以上に税収が増加することで、過度な消費支出を抑える。このような制度の機能は**自動安定化装置（ビルト・イン・スタビライザー）**と呼ばれる。

●―― 歳入・歳出

　財政は予算をもとにしており、予算制度では収入のことを**歳入**、支出のことを**歳出**と呼んでいる。主な歳入の項目は**租税**と**公債**であるが、租税は納め先によって**国税**と**地方財**に分けられる。国税の代表的な税目には所得税、法人税、消費税があり、地方税の代表的な税目には住民税や固定資産税がある。また、納税者と負担者が同じものを**直接税**、それらが異なるものを**間接税**といい、所得税や住民税は直接税で、消費税は間接税に分類される。

　租税のみでは歳出に見合う歳入が不足する場合、国は**国債**を発行して財源を調達する。日本の財政法では原則として国債の発行を禁止しているが、公共事業費などの財源に充てる場合に限って**建設国債**の発行を認めている。それでも財源が不足すると見込まれる場合は、単年度立法による法律に基づき**特例国債（赤字国債）**を発行する。また、財政法第5条では、日本銀行による国債引き受けの禁止、いわゆる**市中消化の原則**がうたわれている。これは、日本銀行の貨幣増発によるインフレーションを防止するためである。

　このようにして徴収した資金を用いて、国や地方公共団体は公共サービスの生産などを行っている。一例として、2015（平成27）年度の国の一般会計予算フレームを示す（表序－1）。

　国の歳入は主に**租税及び印紙収入**と**公債金**からなっており、両者で歳入のおよそ95％を占める。租税のうちでは、消費税、所得税、法人税の順に税収が多く、これら3つの税目での税収は40兆円を超える。

　国の歳出は**国債費**と**基礎的財政収支対象経費**からなっている。国債費は過去に発行した国債の償還に基づく元利払いである。基礎的財政収支対象経費は、社会保障関係費、**地方交付税交付金等**、公共事業費、文教及び科学振興費、防衛費などからなる。国債費、社会保障関係費、そして地方交付税交付金等で国の歳出のおよそ75％を占めている。

表序-1　一般会計予算フレーム

平成27年度当初予算　（単位：億円）			構成比
歳入	租税及び印紙収入	545,250	56.6%
	所得税	164,420	－
	法人税	109,900	－
	消費税	171,120	－
	その他	99,810	－
	その他収入	49,540	5.1%
	公債金	368,630	38.3%
	建設国債	60,030	－
	特例国債	308,600	－
	計	963,420	100%
歳出	国債費	234,507	24.3%
	基礎的財政収支対象経費	728,912	－
	社会保障関係費	315,297	32.7%
	地方交付税交付金等	155,357	16.1%
	公共事業費	59,711	6.2%
	文教及び科学振興費	53,613	5.6%
	防衛費	49,801	5.2%
	その他	95,133	9.9%
	計	963,420	100%

資料：財務省「平成27年度予算の概要」より作成

●────**金融とは**

　金融とは、資金に余裕がある経済主体（資金余剰主体）から余裕のない経済主体（資金不足主体）に資金を融通することである。資金の融通の仲介業務を行っているのが**金融機関**であり、日本には銀行、証券会社、保険会社等がある。ここでいう銀行は、後述する中央銀行との関係でいえば**市中銀行**であり、それには普通銀行、信託銀行のほか、信用金庫や信用組合も含まれる。

　国民経済の視点から見れば、資金余剰主体は家計であり、資金不足主体は企業である。そのため、家計と企業は資金提供者と資金調達者の関係になってい

る。企業が金融機関（主に市中銀行）を通して資金調達を行うことを**間接金融**というが、この資金の源泉は家計の預貯金である。一方、企業が直接的に株式や社債を発行することで資金調達を行うことを**直接金融**といい、その比重は高まっている。

●──中央銀行の役割

一国の金融システムを支え、金融政策の中心となる機関を**中央銀行**といい、日本では**日本銀行**がそれにあたる。日本銀行は唯一紙幣の発行ができる**発券銀行**であり、市中銀行に対して資金の貸し出しや預け入れを行う**銀行の銀行**でもあり、政府の資金管理や国債に関する各種業務を行う**政府の銀行**でもある。

日本銀行による金融政策は、物価や景気の安定を目的としている。それには、経済に流通している貨幣の量を表す**マネーストック**の動向に注意を払い、**公開市場操作（オープン・マーケット・オペレーション）**などを通じてマネーストックの管理を図っている。

公開市場操作とは、日本銀行が市中の金融機関との間で行う国債の売買のことである。景気浮揚を狙ってマネーストックを増やしたいときには、日本銀行から市中にマネーを供給するために、国債の**買いオペ（買いオペレーション）**を行う。その反対に景気過熱を抑えるためにマネーストックを減らしたいときには、国債の**売りオペ（売りオペレーション）**を行う。なお、日本銀行による政策決定は政府から独立する形で行われており、日本銀行政策委員会による金融政策決定会合で政策の基本方針が決められている。

5 各章の概要

序章を終えるにあたって、最後に本書の概要を示す。引き続く第1章は「選択と取引」であり、経済学の基本的な考え方である合理的な意思決定と自発的取引による利益を説明している。

第2章と第3章は**ミクロ経済学**の基礎に該当する。ミクロ経済学は家計や企

業の行動を通して、個々の市場の分析を行う基礎理論である。第2章は**需要曲線、供給曲線、余剰分析**というミクロ経済学の分析道具を説明し、第3章は企業の価格戦略と市場の失敗に対する政府の公共政策を説明している。

第4章と第5章は**マクロ経済学**の基礎にあてている。マクロ経済学は一国全体の視野に立って経済全体の変動を分析する基礎理論であり、景気や経済成長と関連が深い分野である。第4章は一国の経済状況を表す**GDP（国内総生産）、物価、失業**といった経済指標を説明し、第5章は経済成長と景気の安定のための経済政策を説明している。

第6章は近年の経済学で重要とされている**ゲーム理論**の入門である。ゲーム理論はもともと応用数学の一分野であるが、今やそれ自体で1つの分野を形成している。本書では、特に経済と関連のある部分について、複雑な数式展開を行うことなく説明している。

第7章は歴史的な事実を踏まえながら、これまでの日本経済の変遷を解説している。この章は経済を実態面から見ると同時に、経済学を理論的に学ぶうえでも覚えておいてほしい内容を取り上げている。それゆえ、第7章は序章の次に読むか、もしくはマクロ経済学（第4章と第5章）と並行して読むという選択も可能である。

終章は「経済学とのつきあい方」として、今後の経済学の学習方法や本書の次に読むべき参考文献の紹介、さらには公務員試験や各種の資格試験における経済学の出題傾向についても説明している。

第1章 選択と取引

　本章より大学で学ぶ経済学の内容を紹介していくが、そもそも経済学とはどのような学問なのだろうか。この問いかけは経済学の定義にかかわることであるが、唯一絶対的な定義はない。ただ、多くの教科書で紹介されている有名なものに、イギリスの経済学者のライオネル・ロビンズによる「経済学は、諸目的と代替的用途をもつ希少な諸手段との間の関係としての人間行動を研究する科学である」[1]というのがある。

　このロビンズの定義からは、希少性がとても重要なことがわかる。手段を広く資源と解すれば、ロビンズの定義は序章で示した資源の希少性を表している。資源は絶対的に希少か、もしくは経済的な欲求と比較して相対的に希少であるから、経済主体は選択を迫られるのである。このような性格から、ときに経済学は「選択の科学」と呼ばれており、資源が無限に存在する桃源郷のような世界では、経済学を学ぶ必要性はない。

1　資源の希少性

●——生産可能性曲線

　資源の希少性やそれに関連する主要な経済概念を包括的に把握するための分析道具に、**生産可能性曲線**と呼ばれる図がある。生産可能性曲線とは、所与の資源と技術のもとで最大限に生産可能な財・サービスの組み合わせを示す曲線のことであり、多くの経済学のテキストで紹介されている。

　表1－1は、1年間にある国がパソコンと米だけを生産すると仮定した場合

の生産可能な２財の組み合わせである。パソコンは資本財、米は消費財を代表するものとみなせば、表１−１は資本財と消費財の生産の組み合わせを示したものとなる。表では代表的な５つの２財の組み合わせを記しているが、その他にもいろいろな組み合わせが想定でき、それらを全部つなげば図１−１のような曲線が描ける。このようにして描かれる曲線は生産可能性曲線や生産可能性フロンティアと呼ばれる。

　生産可能性曲線は、片方の財の生産量をある大きさに定めるとき、もう一方の財がどれだけ生産可能かを表している。例えば、図１−１のＣ点は１年間に米を２万トン生産すれば、パソコンは35万台まで生産可能なことを表しており、Ｄ点は１年間に米を３万トン生産すれば、パソコンは20万台まで生産可能なこ

表１−１　１年間に生産可能なパソコンと米の組み合わせ

	A	B	C	D	E
パソコン（万台）	50	45	35	20	0
米（万トン）	0	1	2	3	4

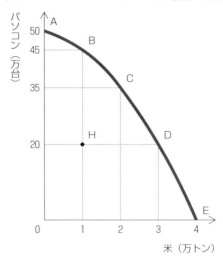

図１−１　パソコンと米の生産可能性曲線

とを表している。

● ――生産におけるトレードオフ

　生産可能性曲線の両端はすべての生産要素を片方の財の生産に振り向けたときの生産量を表している。すべての生産要素をパソコンの生産に振り向けた場合は、A点が示すようにパソコンは50万台まで生産できる。一方で、すべての生産要素を米の生産に振り向けた場合は、E点が示すように米は4万トンまで生産できる。

　生産可能性曲線上の点とその内側の領域は生産可能な財の組み合わせを示しているが、線上より外側の財の組み合わせは生産不可能である。曲線の位置が原点から有限の距離にあるのは、パソコンと米の生産のための生産要素に限りがあるからである。これは、生産要素が希少なことを表している。

　生産可能性曲線上にあるA点からB点への移動は、米を全く生産しない状態から最初に1万トン生産する場合にあたり、そのときにはパソコンの生産は50万台から45万台へと減少することを表している。B点からC点への移動も同様で、米の生産増加に伴いパソコンの生産は減少することがわかる。このように、米の生産が増加するとパソコンの生産は減少するが、これは何かを得るためには何かを失わなければならないという**トレードオフ**の関係を表している。

● ――収穫逓減の法則

　生産可能性曲線をよく見ると、横軸で表される米の一定量の生産増加に対して、縦軸で表されたパソコンの生産の減少分が大きくなっていることがわかる。図形的に、生産可能性曲線の傾き（右下がりの程度）は、横軸で表された米の生産が増加するにつれて急になっている。このような曲線の形状を外側に凸（トツ）と呼ぶが、なぜこのような形になるのだろうか。

　それは生産要素に適正があるからである。A点からB点への移動にあたっては、米の生産が始まれば、パソコンの生産には不向きだが米の生産には適した生産要素が投入される。そのため、米の生産量は大幅に増え、パソコンの生産

量は若干減少する。しかし、米の生産が進んでいけば、パソコンの生産には適しているが米の生産には不向きな生産要素も投入せざるを得なくなる。そのため、米の生産量はあまり増えず、パソコンの減少分も大きくなる。

　以上が生産可能性曲線が外側に凸になる理由であるが、この性質によれば、米の生産量を増やしていくとその増え方はだんだん少なくなる。このことは**収穫逓減の法則**と呼ばれる。なお、逓減とはだんだんと減少していくという意味であり、経済学ではよく用いられる語句である。

●——資源配分の非効率性

　生産可能性曲線上の内側にある点Hは、パソコン20万台と米1万トンの生産量の組み合わせを示している。この状態は、パソコンの生産量を減らすことなく米の生産量を増やすこと（点D方向への移動）ができ、米の生産量を減らすことなくパソコンの生産量を増やすこと（点B方向への移動）が可能なことを表している。さらには、両方の財の生産を同時に増やすことも可能である（点C方向への移動）。これは、生産要素が完全に利用されていないという**資源配分の非効率性**を表しているが、その原因には以下のことが挙げられる。

①失業の発生

　生産要素としての労働が生産に投入されずに余っている状態である。これは、不況によるリストラにあって仕事を探している人（**非自発的失業**）や自分の意思で仕事を辞めた人（**自発的失業**）がいる状況である。

②遊休設備の存在

　生産要素としての資本、特に設備や工場が100％操業していない状態である。設備の故障や事故による工場の稼動停止などが具体例として挙げられる。

③資源の最適でない使い方

　米の生産に適している労働が無理やりパソコンの生産に回されるなど、生産要素の向き、不向きを考慮しないで利用していることに原因がある。

④技術の最適でない利用

　利用可能な生産技術をうまく選択できていない状況である。手作業で行うの

が最も効果的な方法であるのに、わざわざ大型の高性能機械を使用するといったことが挙げられる。

●――生産可能性曲線のシフト

これまでは生産可能性曲線それ自体は不動であると考えてきたが、これはいかなる条件のもとで変化するのであろうか。生産可能性曲線は所与の資源と技術を前提としたうえで、最大限に生産可能な財・サービスの組み合わせを示したものであるが、それは資源の質・量や技術の水準が一定であることを意味している。これらの水準は、諸事情の変化や経済政策の影響によって変化すると考えるのが普通である。

その例としては、人口の増加、天然資源の増大、投資を通じての資本蓄積、労働者の技能の向上といった要因が資源の質・量を上げ、**技術進歩**や**技術革新（イノベーション）**は生産技術の水準をより高度なものにする。これらの要因は生産量の増加をもたらすので、元の生産可能性曲線を外側（右上）にシフトさせる（図１－２）。この現象こそが**経済成長**にほかならない。

図１－２　生産可能性曲線のシフト（経済成長）

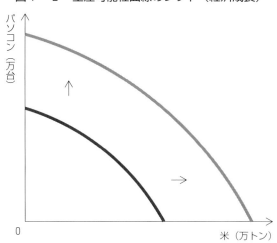

2 合理的な意思決定

●――合理的行動仮説

　資源の希少性はどんな時代、社会であっても必然的に生じる。そのため、選択が重要であり、どのような意思決定がなされるのかを分析することは第一に考慮しなければならない。この問題に対し経済学は、人は合理的に行動するという仮説を立てて意思決定を分析する。

　この仮説の意味は、資源の制約に直面した経済主体は己の目的に対して常に合理的な行動をし、決して無駄な選択はしないということである。こうした仮説は**合理的行動仮説**や**合理的経済人（ホモ・エコノミクス）**の仮定と呼ばれており、意思決定を行う際には経済上の**費用（コスト）**が重要になる。

●――機会費用

　機会費用とは、「ある選択をしたことによって、不可能になった選択から得られたであろう最大の便益」のことである。**便益**とは満足や利益を表す総称的な用語であり、経済学では頻繁に用いられる語句である。

　機会費用は選択に伴って失った犠牲の大きさを表しているので、費用といっても実際に貨幣の支払いがあるわけではなく、主観的な便益を貨幣換算して表したものである。そのため、機会費用は会計上の費用ではなく、経済学独特の費用概念である。例として、90分間の経済学概論の講義に出席することの機会費用を考える。

　○○大学に通うＡ君は経済学概論の講義を履修している。この講義は90分であるから、Ａ君は講義に出席すると90分間はほかのことができなくなる。ここでＡ君には、講義のある90分間はまじめに講義に出席するか、もしくは講義を休んで友達と遊ぶという選択肢しかないと仮定する。つまり、2つの選択肢のなかから1つを選択する行動を考える。

　Ａ君にとって講義に出席することの機会費用とは何だろうか。それは、友達

との遊びから得られる便益のことである。それが貨幣換算で1,000円に相当するとすれば、講義に出席することの機会費用は1,000円になる。なぜなら、A君は講義に出席したために90分間は友達と遊ぶことができなくなり、1,000円分の便益を獲得する機会を失ったからだ。

より理解を深めるために、図１－１の生産可能性曲線から機会費用を求めてみる。今、経済はA点にあるとして、米を１万トン生産することの機会費用を求める。この場合、A点からB点への移動をみればよいので、米を１万トン生産することによって、パソコンの生産は50万台から45万台に減少する。よって、米を１万トン生産することの機会費用はパソコン５万台となる。

さらに米を１万トン生産することの機会費用はどうなるであろうか。この場合、B点からC点への移動を見ればよい。米を１万トン増産することによってパソコンの生産は45万台から35万台に減少するので、この場合の機会費用はパソコン10万台である。

生産可能性曲線は外側に凸の形状を持つので、米の生産が増加すれば失われるパソコンの台数は増えていく。機会費用は失われるパソコンの台数であるから、米の生産増とともに機会費用も増えていくという**機会費用逓増**が導かれる。なお、逓増とはだんだんと増加していくという意味であり、逓減と同様に経済学ではよく用いられる語句である。

●──機会費用最小化

先ほどの例に戻り、A君の90分間の合理的な意思決定を分析する。A君の選択肢は、経済学概論の講義に出席するか、講義を休んで友達と遊ぶかである。それぞれの選択肢からは、友達との遊びからは1,000円の便益が得られることは先の例と同じで、講義への出席からは2,000円の便益が得られるとする。講義に出席することの便益としては、新しい知識を獲得した喜びや大学生として講義に出席することの責任を果たしたという満足感が挙げられよう。

以上のような想定のもと、A君にとって合理的な行動はどちらを選択することであろうか。講義を休んで友達と遊ぶことの機会費用は2,000円であり、講

義に出席することの機会費用は1,000円である。機会費用は選択に伴って失った犠牲の大きさであるから、合理的な個人は犠牲が少ない方を望む。したがって、A君は機会費用がより少ない講義の出席を選択する。より一般的には、**機会費用最小化**の行動を選択することが合理的な意思決定となる。以下に機会費用最小化行動を確認するため、2つのケースを取り上げる。

ケース1：大学進学の意思決定

高校3年生は大学に進学するか就職するかの選択に直面している。この場合、どちらの選択をとるのが合理的であろうか。

最初に大学に進学することの機会費用を求める。この場合は大学に進学したことによって不可能になる選択を考えればよい。まず第1に、在学中は正規雇用として働くことができないので、4年間の正規雇用の仕事からの給料を失う。それと同時に授業料という負担も生じる。これは、大学に進学したから生じたものであり、大学に進学しなければ他の用途に使うことによって何らかの便益を得ることができる。この便益も進学することの機会費用となる。さらには、仕事を持ち一人前の人間であると認められることの満足感も、進学することの機会費用に含まれるだろう。

次に進学しないことの機会費用を求める。通常日本では、高校卒と大学卒では給料に差がつくのが現実なので、生涯に渡っての大学卒による収入増が進学しないことの機会費用になる。さらには、サークル活動や自由な時間など大学生活から得られる便益も機会費用に含まれる。このような想定のもとでは、機会費用最小化の観点から見た大学進学の意思決定は以下のようになる（図1-3）。

図1-3　大学進学の意思決定

進学することの機会費用　＜　進学しないことの機会費用
⇒大学に進学することが合理的

進学することの機会費用　＞　進学しないことの機会費用
⇒大学には行かず、高校卒の段階で就職することが合理的

進学しないことの機会費用は、4年間のフルタイムの給料に大きく依存している。一部のプロスポーツや芸能の世界では、年齢が若くとも活躍や能力次第によっては多額の収入を得ることができる。したがって、スポーツや芸能に高い能力を持つ個人にとっては、進学することの機会費用は大きい。

プロ野球のように、大学に進学しながらプロ選手としての活動ができないという状況であれば、高い能力を持つ選手にとっては進学することの機会費用は莫大になる。実際、イチロー選手や松坂大輔選手が高校卒業の段階でプロ野球に入団（就職）したのは、機会費用最小化の観点から見ても合理的な選択であった。

●──サンクコスト

機会費用は選択の決定に対しては重要な役割を担うが、費用の客観的な把握が難しいため見過ごされやすいという特徴を持っている。一方その反対に、金額は客観的に把握できるが、選択の決定には一切関係のない費用が存在する。それは**サンクコスト（埋没費用）**と呼ばれる費用である。

サンクコストとは、「過去になされた意思決定によって支払われた費用で、その回収が不可能なもの」である。サンクコストは実際の金額が発生しているのだが、取り戻すことができないので、これを無視することが合理的な意思決定となる。

ビジネスの例でいえば、企業は進めているプロジェクトの採算性が合わないことに気がついた場合は、そのプロジェクトの進み具合やこれまでに投じた費用に関係なく、すぐにプロジェクトを中止すべきである。なぜなら、これまでプロジェクトに投じた費用はサンクコストであり、これを無視して別のプロジェクトを新たに進めるほうが合理的な意思決定になるからである。

さらに、利用価値がほとんど見込めないことがわかった公共施設の建設も同様である。例え政府の公共事業であろうとも、これまで費やした費用はサンクコストであることに変わりはない。この場合も公共施設の建設を中止することが合理的な意思決定となる。

ケース2：映画鑑賞とサンクコスト

　B君は以前から気になっていた2時間ものの新作映画を見るために、2,000円の入場料を支払って映画館に入った。しかし、B君にとってこの映画はまったくの期待はずれで、上映後30分を過ぎるとイライラしはじめ、1時間の段階ではもう飽きてしまった。この場合、B君は映画館から出て、その1時間を別の行動に充てた方が合理的である。なぜなら、映画館に支払った入場料はサンクコストであり、すでに支払ったもので取り戻すことはできない。せっかく払った2,000円がもったいないという気持ちから、面白くない映画を見続けるのは非合理的な行動である。

3　特化と取引

●──特化と分業

　経済の基本的な活動は生産、分配、消費であるが、個々の経済主体がすべての活動を行う必要はない。家計は財・サービスの消費と労働などの生産要素の提供を行い、企業は生産要素を利用して財・サービスの生産を行っている。

　通常、家計は1種類の仕事に従事するが、それはなぜなのだろうか。第1の理由は、時間の制約である。時間も資源である以上は限りがあるので、一定の時間内に複数の労働、つまり複数の仕事に従事するのは困難であるからだ。第2の理由は、特定の仕事に従事することで習熟し、短時間でより多くの財・サービスを生産することができるようになるからである。これは**労働生産性**の上昇という現象であるが、その上昇によってより高い賃金を得られる可能性が高まる。

　一方、企業は特定の財・サービス、あるいは家電製品などの同種類の財・サービスの生産を行う。これはできるだけ安い費用でより多く生産して利益を得ようとするからである。特定の財・サービスの生産に専念することで技能が蓄積され、生産技術が進歩する。それによって企業は、より安く生産し、売上を伸ばし大きな利益を得ることが可能になる。

このように、経済主体が一定の役割を専門的に行うことを**特化**というが、それは経済の発展にとっても望ましい。なぜなら、特化がまったく行われない社会では、自己の必要とする財・サービスは自分で生産しなければならなくなる。このような社会を自給自足の社会というが、それでは特化による技術進歩は困難であり、生産可能な財・サービスも限られてしまう。自給自足の社会は、必然的に低生産性社会になる。

現代の社会では、個々の経済主体が特化することで、さまざまな財・サービスが生産され交換が行われている。このような形態を**分業**というが、現代の社会は分業によって成り立っている。一見、無秩序でバラバラのようにさえ思えるが、特化による分業は社会全体に利益をもたらすのである。

● ──市場とは

特化による分業の背景には、経済主体間での取引、いわゆる交換が成立している。家計は財・サービスの消費と労働サービスの提供に特化し、企業は財・サービスの生産に特化するが、この状況においては2つの財・サービスの取引が生じている。

第1は、企業が生産した財・サービスと家計が保有する貨幣との取引であり、第2は、家計が提供した労働サービスとそれに対して企業が支払う賃金の取引である。この異なった2つの取引が成立するので、家計は生産を行わなくとも財・サービスの消費が可能になるのである。これらの取引のプロセスが生じている抽象的な場が**市場**であり、取引の対象によって、**財・サービス市場**、**労働市場**、さらには**貨幣市場**に区別される（図1－4、図1－5）。

先に見た例では、第1の取引が財・サービス市場に相当し、第2の取引が労働市場に相当する。なお、市場と**市場**は明確に区別される。市場は卸売市場や魚市場のように、取引が行われる特定の場所のことを指している。

図1-4　財・サービス市場での取引

図1-5　労働市場での取引

● ── 自発的取引の利益

　経済主体がそれぞれ異なる財・サービスや異なる欲求を持っている場合には取引のインセンティブ（誘引）が生じる。そして、市場での自発的な取引は当事者全員に便益をもたらす。なぜなら、もし取引によって損をするならば、取引に参加することを選択しなければよいからだ。

　その際に注意が必要なのは、家計と企業は利己心に基づいた行動を取ったとしても、この結論は成立することである。家計や企業は社会全体や公共の利益といったことを考える必要はなく、己が欲するままの行動を取ることで社会全体の発展に寄与する。この仕組みが、序章で説明した**市場メカニズム**であり、自発的取引の利益を導く仕掛けである。経済学の祖であるアダム・スミスは、市場メカニズムの万能性を**神の見えざる手**と表現した。

4　比較優位の原理

● ── 自由貿易の利益

　前節では、自発的取引はそれに参加したすべての経済主体に便益をもたらすということを説明したが、このことは国境を越えた取引である貿易においても成立する。つまり、自発的に行われる貿易は参加したすべての国に利益をもた

らす。それは、特化に基づいた国際的な分業が行われるからである。

2国間の分業による取引によってお互いの国に利益が生まれることを説明する代表的な理論には、デヴィッド・リカードによる**比較優位の原理**がある。彼が生きた19世紀の前半は、保護貿易が国の経済力を増大させるという重商主義に基づく見解が信じられていた。これに対してリカードは、分業による自由貿易こそが国の生活水準を向上させることを主張して、その見解に反対した。以下に、2国、2財の数値例を用いて自由貿易の利益を説明する。

●──絶対優位とは

貿易を行う2国をJ国とU国とする。両国はパソコンと米を生産、消費している。パソコンは工業製品、米は農産物を代表するものとみなせば、両国は工業製品と農産物を生産、消費しているとみなせる。そして、両財の生産に必要な生産要素は両国とも労働のみであると仮定する（表1－2）。

表1－2の右側には、1日の労働時間を8時間（480分）とした場合のパソコンと米の生産量が示されている。これらの値は表1－2の左側の財1単位当たりの必要労働時間から容易に計算される。J国はパソコン、米とも1単位生産するのに30分必要であるから、8時間では両財とも16単位まで生産できる。一方、U国はパソコン1単位の生産に20分必要なので、8時間では24台生産でき、米1単位の生産には10分必要なので、8時間では48kg生産できる。

これらの数字は1日当たりの生産量で測った労働生産性を表しているが、両国の財別の生産性を比較すると、パソコンの生産性はU国の方が高い。このこ

表1－2　J国とU国のパソコンと米の生産

	財を1単位生産するのに必要な労働時間（分）		8時間の生産でできるパソコン（台）と米（kg）の量	
	パソコン	米	パソコン	米
J国	30	30	16	16
U国	20	10	24	48

とは、U国がパソコンの生産において**絶対優位**を持っているといわれる。また、米の生産性においてもU国はJ国を上回っているので、U国は米の生産においても絶対優位を持っている。

●——生産可能性曲線による図示

両国のパソコンと米の生産量を、生産可能性曲線を用いて表す（図1－6）。図1－6の上の図は、J国が生産可能なパソコンと米の量の組み合わせを示している。J国が8時間すべてをパソコンの生産に特化すれば16台だけ生産することができ、8時間すべてを米の生産に充てれば、米（横軸で測られる）を16kgだけ生産することができる。また、各財の生産に4時間ずつ充てれば、8台のパソコンと8kgの米を生産することができる（J点）。生産可能性曲線には、これらの3つの可能な結果とそれらの中間にある他のすべての可能性が図示されている。

図1－6の下の図は、U国が生産できるパソコンと米の量を示しており、図の描き方はJ国の場合と同じである。U国は片方の財の生産に特化すれば、パソコンを24台、米を48kg生産することができる。また、各財の生産に4時間ずつ充てれば、12台のパソコンと24kgの米を生産することができる（U点）。

図1－6からは、両国ともにパソコンと米の生産のトレードオフに直面していることが見て取れるが、生産可能性曲線の形状は図1－1と異なり直線となっている。この理由は、パソコンと米の生産において労働の向き不向きがないことを想定しており、この場合の機会費用は逓増せずに一定となる。

●——比較優位とは

U国はパソコン、米ともJ国よりも効率的に生産ができるが、果たしてU国はJ国と貿易を行うメリットはあるのだろうか。一見すると、U国にとっては貿易を行うインセンティブは存在しないように思われ、特化に基づく国際的な分業は成立しないように思われる。しかし、この場合においても、貿易は両国に利益をもたらすことを機会費用の概念を用いて確認する。

第1章 選択と取引

図1-6 J国とU国の生産可能性曲線

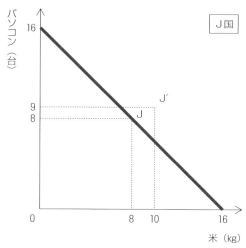

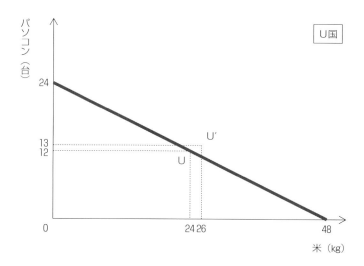

　表1-3は、J国とU国のパソコンと米の機会費用を示している。パソコン1単位の機会費用は犠牲になる米の単位数で表され、米1単位の機会費用は犠牲になるパソコンの単位数で表されている。

表1－3　J国とU国のパソコンと米の機会費用

	機会費用	
	パソコン1単位	米1単位
J国	米1単位	パソコン1単位
U国	米2単位	パソコン1／2単位

　J国はパソコン1単位の生産に30分の時間を要する。もしその30分を米の生産に充てれば、米を1単位生産できたはずである。そのため、J国にとってのパソコン1単位の機会費用は、犠牲になる米の量で表せばちょうど1単位である。一方、U国のパソコン1単位を生産するときの機会費用はどうだろうか。U国はパソコン1単位の生産に20分の時間を要する。もしその20分を米の生産に充てれば、米を2単位生産できたはずである。そのため、U国にとってのパソコン1単位の機会費用は米2単位である。

　結局、パソコンを生産するときの機会費用はJ国の方が低い。このような状態をJ国はパソコンの生産に**比較優位**を持つという。同じように考えて、米の生産における機会費用を求めてみると、米1単位生産するのに、J国はパソコン1単位を、U国はパソコン1／2単位を犠牲にする。米を生産するときの機会費用はU国の方が低く、米の生産の比較優位はU国にある。

　このように、比較優位は機会費用で測られた相対的な生産の得意さを表した概念であり、1つの国が両方の財に比較優位を持つことはない。例え、他国より両財の生産性が劣っていたとしても、必ずどちらかの財には比較優位を持つのである。

● ——**比較優位に基づく分業**

　J国とU国は比較優位に基づく分業を行い、貿易を行うとしよう。例えば、J国は比較優位を持つパソコン生産に完全に特化すると、その場合J国ではパソコンのみが16台生産される。一方、U国は比較優位を持つ米の生産に6時間（360分）、パソコンの生産に残りの2時間（120分）を充てるとすれば、米は

36kg、パソコンは6台生産される。そして、J国はパソコン7台をU国に輸出し、U国からは米を10kgだけ輸入する。それは、U国からみれば、米10kgを輸出してパソコン7台を輸入することと同じである。

このような貿易の結果、両国の消費可能な財の組み合わせはどうなるだろうか。J国は、生産した16台のパソコンのうちの7台が輸出されるので、国内で消費可能なパソコンは9台となり、消費可能な米は輸入した10kgとなる。一方、U国は、自国で生産した6台のパソコンに輸入した7台が加わるので、消費可能なパソコンは13台となり、米は生産した36kgのうちの10kgが輸出されるので、消費可能な米は26kgとなる。

貿易の結果を図1-6で示すと、J国はパソコン9台と米10kgが消費可能になるので財の消費量の組み合わせはJ'点となり、貿易前よりも両財の消費可能な量は増加している。一方、U国はパソコン13台と米26kgが消費可能になるので財の消費量の組み合わせはU'点となり、こちらも貿易前より両財の消費可能な量は増加していることがわかる。J'点とU'点は貿易前の生産可能性曲線の外側にあり、両国の消費可能な財の量は貿易によって増加している。比較優位に基づく分業は両国に利益をもたらすことがわかる。

なお、比較優位の原理は国際貿易の基礎理論であると同時に、より広く分業の利益を説明する適用範囲の広い理論でもある。以下に、その一例を紹介する。

ケース3：試験勉強の分業

一郎と花子は同じ大学に通っている。2人は英語と数学を受講しており、1時間当たりに解ける問題数は決まっている（表1-4）。定期試験は演習問題

表1-4　一郎と花子の1時間で解ける演習問題数と機会費用

	1時間で解ける演習問題数		演習問題1問当たりの機会費用	
	英語	数学	英語1問	数学1問
一郎	2問	2問	数学1問	英語1問
花子	6問	3問	数学1／2問	英語2問

の改題として出題されることになっており、2人はその対策として演習問題を解く必要に迫られている。2人はどのような分業をすればよいのだろうか。

このケースでは、1時間で解ける演習問題数が生産性を表している。花子は、一郎よりも両科目ともに解ける問題数は多いから、英語と数学に絶対優位を持っていることがわかるが、比較優位はどうであろうか。

表1－4の右側は科目ごとの機会費用を示している。英語1問の機会費用は犠牲になる数学の問題数で測られ、数学1問の機会費用は犠牲になる英語の問題数で測られている。英語1問の機会費用は花子の方が低く、数学1問の機会費用は一郎の方が低い。機会費用の高低からは、花子は英語に比較優位を持ち、一郎は数学に比較優位を持っていることがわかる。

したがって、定期試験前の試験勉強は、花子が英語の演習問題を解き、一郎が数学の演習問題を解くという分業を行えばよいことがわかる。2人はお互いの模範解答を取引（交換）することでともに利益を得るのである。

Column

経済学の適用範囲

　本章でも紹介したように、機会費用や比較優位の原理は経済現象だけではなく、家族や教育の問題をはじめとした広い現象に適用可能な理論である。実際、経済学には、家族の経済学、教育の経済学、新政治経済学（公共選択論）、法と経済学といった分野があり、本来、他の科学が扱う領域もその研究対象としている。

　経済学は「経済学的な見方」という言葉があるように、研究対象ではなく思考方法や分析方法に特徴がある。このことは、経済学の適用範囲が広く、かつ強力であることを示している。経済学は経済現象を解明するのが目的であるという定義は決して間違いではないが、それだと、経済学の適用範囲を狭めてしまう。なお、このような状況に対して、他の学問分野の人たちからは「経済学帝国主義」といわれることがある。

　その一方で、他の科学との連携を深めて経済学に新たな知見をもたらす分野もある。なかでも**行動経済学**は心理学との関係を深め、通常の経済学が想定する合理的経済人を前提とすることなく、実際の人間による実験やその観察を重視する。現実の人間がどのような選択や行動を取り、その結果どうなるかを分析することで、非合理的とも思える経済行動を説明し、喫煙行動や肥満といった問題にも経済学からの光を当てている。

　このように、経済学の適用範囲は経済という言葉以上に広い。その意味においては、経済学を学ぶことの便益は非常に大きい。

演習問題 ● ● ● ●

1. 次の(1)から(3)の事象は、本章図1－1の生産可能性曲線をどのようにシフトさせるだろうか。
   (1) パソコン生産の技術進歩
   (2) 冷夏の発生による米の不作
   (3) 自然災害の発生

2. 現代では、女性の平均初婚年齢が上昇傾向にある。この理由を機会費用の概念から説明しなさい。

3. デヴィッド・リカードの主著『経済学および課税の原理』に基づく例で、19世紀初頭のイギリスとポルトガルの毛織物とワインの1単位の生産に要する労働者数（人）は以下の通りであった。

	毛織物	ワイン
イギリス	100	120
ポルトガル	90	80

   (1) 毛織物とワイン、それぞれ絶対優位を持つのはどちらの国か
   (2) ワインに比較優位を持つのはどちらの国か
   (3) 国際的な特化と分業が生じた場合、イギリスの輸出品と輸入品は何になるか

第2章 需要・供給分析・基礎

1 需要曲線と供給曲線

　経済ニュースで、「ダイエット効果があるといわれている食品の"需要"が増えている」とか、「台風の影響で自動車部品の"供給"がストップした」など、「需要」と「供給」という言葉を耳にする機会は意外と多い。この、よく耳にする「需要」と「供給」とはどういうことか、さらには「需要曲線」と「供給曲線」を用いて「需要・供給分析」を行うと、現実の経済現象をどのように分析できるのかといったことを、この章では学んでいく。

● ─── 需要曲線

　「**需要**」とは、財・サービスに対する消費者の「買いたい」という意欲や欲望のことである。ただし、ここで注意しなければならないのは、ただ漠然とした「欲しい」という欲望は「需要」とはいわず、「需要」は、財・サービスの消費量に対する具体的な価格づけをして、「買いたい」という意欲を表すことをいう。

　たとえば、Ａさんがケーキ屋さんの前を通って、漠然と「ケーキを食べたい」と思うのは需要でなくただの欲望であり、「１個500円なら買いたい」と思った段階で、ケーキに対する需要ということになる。この「○○円なら買いたい」といった場合の評価額のことを**支払意思額**（Willingness to Pay：WTP）、あるいは**支払許容額**という。つまり需要とは、ある財・サービスの消費に対し、

具体的な支払意思額を表明する行為と定義できる。

　さて、Aさんは1個目のケーキを500円で買って食べたが、もう何個か買って食べたいと思ったとしよう。このとき、2個目のケーキの支払意思額も500円になるだろうか。読者のみなさんも自分自身の経験を思い返していただければわかると思うが、1個目のケーキの場合はお腹も空き、甘いものに飢えていたため、心躍らせていただろう。しかし、2個目・3個目と食べていくうち、お腹も一杯になり、甘いものに対する欲求も収まっていくだろう。したがって、消費量が増えていくにしたがって、追加的な財消費に対する支払意思額は徐々に減少していく。このような財の消費量と支払意思額の関係を表2－1、またそれを図2－1で示した。

表2－1　Aさんのケーキの消費量と支払意思額

消費量（単位：個）	1	2	3	4	5
支払意思額（単位：円）	500	400	300	200	100

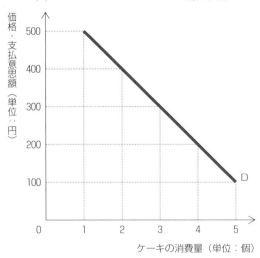

図2－1　Aさんのケーキの需要曲線

注：DはDemand（需要）を表す

図2-1で描かれている財の消費量と支払意思額の関係を示した線のことを**需要曲線**（図中のD）というが、需要曲線とは一体何を表しているのだろうか。

このことを考えるために、「消費者は何のために財・サービスを需要するのか」という問いを考えなければならない。私たちがさまざまな財・サービスを消費する際、ただ漫然と消費するのではなく、自らの欲求（空腹を満たしたい、おいしいものを食べたい、楽しみたい、かっこよくなりたい、キレイになりたいなど）を満足させるために消費する。経済学では、消費によって得られる満足感のことを**効用**といい、消費者が自らの満足度を最大にする水準まで消費することを**効用最大化**という。

先ほどの例に戻って、2個目のケーキに対する支払意思額は400円となっているが、このことは「1個目から追加的にケーキの消費量を増やしたときに消費者が得る効用の増加分が400円相当」と考えていることになる。この効用の増加分のことを**限界効用**という。同様に、ケーキ消費を2個から3個に増やした時の限界効用は300円ということになる。したがって、需要曲線とは、各消費量における限界効用を表すことになるので、需要曲線は**限界効用曲線**と言い換えることができる。

● ── 供給曲線

ここまでは、消費者にとって需要とは何か、需要曲線とは何を表すのかを見てきたが、今度は生産者における供給とは何かについて考えていこう。

「**供給**」とは、生産者がある財・サービスを、**市場**を通じ**価格**をつけて販売することと定義されるが、その内容をあるケーキ屋さん（B社）の例で考えてみる。

まず、B社のケーキの生産量と価格の関係を表2-2に、また、それを図2-2で示した。図2-2で描かれている財の生産量と価格との関係を示す線を**供給曲線**（図中のS）というが、供給曲線は何を表しているのだろうか。

図2-2を見てみると、ケーキの価格が100円のときはケーキを1個しか作らず、価格が500円になるとケーキを5個作ることになる。したがって、生産

表2-2　B社のケーキの生産量と価格の関係

生産量（単位：個）	1	2	3	4	5
価格（単位：円）	100	200	300	400	500

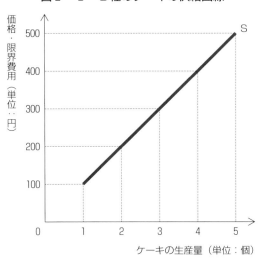

図2-2　B社のケーキの供給曲線

注：SはSupply（供給）を表す

者（ここではケーキ屋さん）は、価格が高いほど生産量が増え、価格が低いほど生産量が少なくなることを示している。

　直感的に「価格が高くなるほど生産量が増える」という考えで供給曲線を理解してもいいが、生産者としての費用の面から供給曲線を考えてみよう。ケーキを1個追加的に生産する場合、費用の増加分も増えると考えられる。たとえば、2個目のケーキを作る際に使われるクリームやスポンジ、果物、電気・水道・ガスなどの光熱費、さらにはケーキ職人に支払われる人件費などが追加的に必要とされる費用である。この生産量の増加分に対する生産費用の増加分のことを**限界費用**という。

　先ほど「価格が高くなるほど生産量が増える」と述べたが、なぜそのように

第 2 章　需要・供給分析・基礎

なるのかというと、生産量が増えると限界費用が高くなるため、限界費用分を回収できるような価格が必要となるからである。このことから、競争企業においては**価格と限界費用は常に等しくなる**という関係にある。

ケーキ屋さんが多数存在し、どのケーキ屋さんも価格を独占的に決定できない（これを**価格支配力**を持たないという）ような状況（これを**完全競争市場**という）では、表 2 − 2 のようにケーキの価格が100円なら限界費用が100円となり、その分だけ生産量も少なくなり、逆に価格が500円なら限界費用は500円となり、生産量も多くなる。

2　市場価格と取引量の決定

●──市場均衡

前述のようにケーキを欲している消費者とケーキを供給したい生産者が出会った場合、どのようなことが起こるのだろうか。このケースのように、ある財を需要する消費者とその財を供給する生産者が取引する場を**市場**（しじょう）と呼ぶ。日本語で同じ「市場」と書いて「いちば」と呼ぶ場合もあるが、経済学における「市場（しじょう）」は、消費者と生産者がいくらの**価格**で売買するか取引を行う場だと考えればよい。

図 2 − 1 と図 2 − 2 を合わせると、図 2 − 3 のようになる。このときの横軸はケーキの**取引量**、縦軸はケーキの取引価格を表している。ここで、やや極端な 2 つの例を使って、この図から何がわかるのかを説明しよう。

まず、何者か（例えば強権的な独裁者）が、ケーキ屋の B 社に「ケーキを200円で販売しろ」と命令したとする。このとき、消費者である A さんは安いほどたくさん欲しいので、ケーキの需要量は 4 個である。しかし、ケーキ屋の B 社は200円では 2 個しか作れず、ケーキの供給量は 2 個だけである。したがって、需要量は 2 個不足する。これを**超過需要**という。

次に、ではケーキの価格を上げればよいのかと、独裁者がケーキの価格を400円にしたとする。このとき、ケーキ屋の B 社は 4 個まで供給量を増やすこ

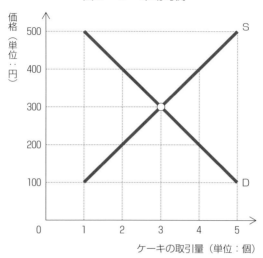

図2－3　市場均衡

とができるが、Aさんの方は400円なら2個しかいらないので、ケーキが2個売れ残ってしまう。これを**超過供給**という。

したがって、300円で販売すれば、品不足も売れ残りも出ず、消費者が需要する分だけ供給できる。このときの300円がケーキの市場価格、または**均衡価格**といい、このときの取引量3個を**均衡取引量**という。また、需要と供給が一致する価格と取引量の組み合わせを**市場均衡**という。仮に、均衡価格とは異なる水準で価格が設定されたとしても、その場合は超過需要や超過供給が発生しているので、価格が伸縮的に動くことができれば、いずれ市場均衡が達成されることになる。

経済学の基本は、いかにして市場均衡を達成するかが非常に重要であるが、なぜ市場均衡の達成を目的とするかというと、前述した超過需要や超過供給のような**市場不均衡**は、消費者あるいは生産者のいずれか一方が損をしている（欲しい財が買えない、せっかく作ったのに売れない）という状況が、経済的な非効率を生み出していると考えるからである（これを**超過負担**という）。この経済的に非効率とはどういうことかは、本章の第4節で詳しく説明する。

新しい経済学「実験経済学」とは

　経済学は、現実の経済現象を観察し、統計学的な手法を使って分析する「実証研究」というアプローチ（実証研究の手法を研究する学問を「計量経済学」という）と、そのなかで明らかにされてきたメカニズムを一般化する「理論研究」というアプローチに分けられる。ここまで見てきた「市場均衡」や「需要曲線・供給曲線」も、実証研究の成果に基づき打ち立てられた理論であるといえる。

　一方で、歴史的に観察された経済現象に基づき経済理論がつくられているといっても、初めて経済学を学ぶ方にとってなじみがあるのか、また現代の経済でも当てはまるのか、納得できるかどうかというと、特に経済学に苦手意識を持つ方は理論の理解につまずいてしまう場合が多いようである。

　このコラムのタイトルになっている「実験経済学」とは、科学や物理学の実験のように、実験室（多くの場合、講義室やゼミの場合が多いが）で行われる疑似的な経済活動に被験者が参加し、どのような行動をとるのか観察して、経済理論を検証する新しいアプローチである。

　例えば、この章で見てきた需要と供給に関して、「取引実験」という簡単な実験がある。被験者を消費者と生産者に分け、各人に消費者なら予算、生産者なら費用が書かれたカードを配る。被験者はカードに書かれた条件に基づき、いくらの価格で売買するかを取引し、取引成立をめざす。

　実験経済学のメリットは、テキストに書かれた理論を実践的に学ぶ手助けになること、さらには、受け身の勉強ではなく、主体的な学び（アクティブ・ラーニング）の姿勢を身につけられることである。実際、筆者は80人程度の受講生がいる講義で経済実験を行ったが、講義後のリアクションペーパーを見ると、実験のなかでの気づきを詳細に書いてきた学生や、実験の方法を変えたらどうなるか考察を書いた学生など、単なる講義の感想を超えた理解が示された。

　近年、さまざまな実験経済学の方法を解説したテキストが出版されるようになったので、これをお読みの先生方はぜひ講義などで実践していただければと思う。

3　需要曲線・供給曲線のシフト（移動）

　前述のように、需要と供給が一致するところである財の価格と取引量が決まり、市場均衡が達成されるという説明をすると、「な～んだ、たったそれだけか！」と思われるかもしれない。しかし、市場均衡の働き（これを**市場メカニズム**という）は、むしろさまざまな状況が変化したときにどのような変化が起こるかを分析することに、強い威力を発揮する。ここでは、そのような状況を見てみる。

●───需要曲線のシフト

　テレビや雑誌でおいしいお店だと紹介されたことで、行列ができるほどお客さんが押しかけたり、健康やダイエットに効果があると紹介されたことでその財が店頭からなくなるほど売れるといったことはよく目にする。このようにある財の需要の増加が発生した場合、市場均衡にどのようなことが起きるのだろうか。

　需要の増加は、以前と同じ価格でもより多くの需要量を欲することであり、言い換えれば、同じ財の需要量でもより高い価格（支払意思額）を払ってもよいということになる。そして、需要の増加は、需要曲線の右側へのシフト（平行移動）を引き起こす（図2－4）。

　このとき、新しい需要曲線と供給曲線で交わる新しい市場均衡は、シフト前の市場均衡から右上にシフトすることになる。この新しい市場均衡では、より高い均衡価格で、より多くの均衡取引量となる。したがって、ある財の需要の人気拡大は、取引量の増大と価格の上昇を引き起こす。

　また、ケーキの代わりに消費される関係にあるような財（例えばドーナツ）の価格が上がる場合、相対的にケーキの価格が低くなるので、ドーナツ需要が減少する一方で、ケーキ需要が増加し、ケーキの需要曲線が右側にシフトする。

図2-4 需要曲線のシフト

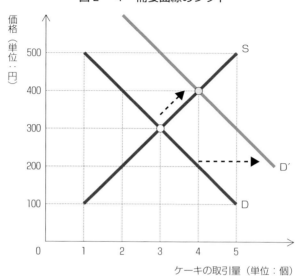

●──供給曲線のシフト

　企業が工場など新たな生産設備を導入したり、これまでよりも大量生産が可能な技術革新を行ったりすることは、新聞の経済欄でよく報じられている。このような企業の投資行動は、市場均衡にどのような影響を与えるだろうか。

　企業の投資活動は、一般的には生産量の増加、つまり供給の増加をもたらす。供給の増加は、以前と同じ価格でもより多くの供給が可能になっていることを示しており、言い換えれば、以前と同じ供給量であっても、より安く供給できることを示している。そして、供給の増加は、供給曲線の右側へのシフトを引き起こす（図2-5）。

　このとき、需要曲線と新しい供給曲線で交わる新しい市場均衡は、シフト前の市場均衡から右下にシフトすることになる。この新しい市場均衡では、より安い均衡価格で、より多くの均衡取引量となる。したがって、ある財の供給の増加は、取引量の増大と価格の低下を引き起こす。

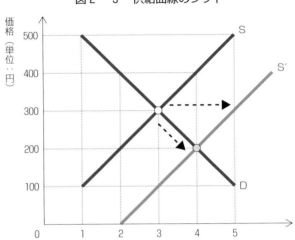

図2−5　供給曲線のシフト

● ──縮小均衡

　ここまでは、需要曲線・供給曲線のシフトが市場での均衡取引量を増加させるケースを見てきたが、逆に取引量が減少するようなケースもある。そのようなケースを、市場規模が小さくなるということで「**縮小均衡**」と呼ぶ。ここでは縮小均衡が起こる2つのケースについて見ることにする。

　図2−6は、需要曲線のシフトによって発生した縮小均衡を表している。このとき、需要曲線は左側へシフト、つまり需要が減少していることを示している。この場合、市場均衡の点は、シフトが起こる前と比べると左下にシフトしており、均衡取引量が減少し、均衡価格は低下していることが示されている。

　このような需要曲線の左側へのシフト、つまり需要の減少はどのような場合に起こるのだろうか。最も考えられるのは、当該商品のライバル商品が人気になり需要が増えることで、逆に当該商品の需要が減り顧客を奪われてしまうようなケースが考えられる。また、新商品が発売されることで、既存商品の消費者が少なくなるような場合もあるだろう。いずれの場合も、他の商品が人気になることで、当該財の需要が減少し、そのため安くしてでも買ってもらおうと

第 2 章　需要・供給分析・基礎

図 2 － 6　需要曲線のシフトによる縮小均衡

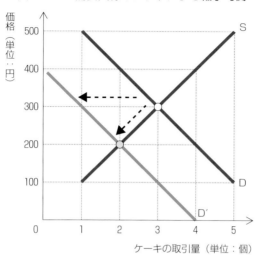

するケースと考えられる。

　また、これ以外のケースとして、食料品における風評被害のようなケースも、需要の減少を引き起こすと考えられる。例えば、ある地域の農産物が有害な物質で汚染されている（基準値の何倍もの汚染物質が検出された）などという不適切な報道がなされた場合、多くの消費者はその農産物を避けるようになる。生産者は何とか安くしてでも買ってもらおうと価格を下げるため、結果として、価格が下がり、取引量も減少する。

　一方、図 2 － 7 は、供給曲線のシフトによって発生した縮小均衡を表している。このとき、供給曲線は左側へシフトし、供給が減少していることを示している。この場合、市場均衡の点はシフトが起こる前と比べると左上にシフトしており、均衡取引量が減少する一方、均衡価格は上昇していることが示されている。

　供給曲線の左側へのシフト、つまり供給の減少とはどのような場合に起こるのだろうか。最も多いケースとしては、台風や地震など自然災害によって、工場等の生産ラインがストップし、結果として市場への供給量が減少するケース

図2-7 供給曲線のシフトによる縮小均衡

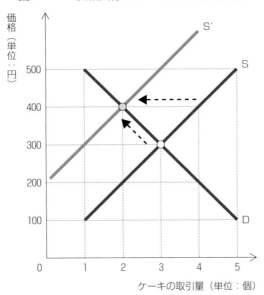

が考えられる。この場合、いくら消費者の需要があったとしても商品が店頭になく、これまでの均衡価格では品不足が発生してしまう。そこで、価格を引き上げることで、不要不急の需要を減らし、高い価格でも必要な消費者の需要だけを満たそうとする。その結果、均衡取引量は減少し、均衡価格は上昇するのである。

　ここまで見てきたように、需要曲線・供給曲線のシフトは、市場取引に直接関係することだけではなく、間接的に関係があることであっても市場均衡にどのような影響が生じるかを分析することができる。ここに挙げたのはほんの一例であり、みなさんの興味のある財・サービスの市場が、どのような要因に影響を受けるか、影響を受けた場合は市場均衡がどう変化するのか（価格が上がるか下がるか、取引量が増えるか減るか）を簡単に分析できるのである。

4 なぜ市場均衡を目指すのか？：余剰分析

ここまで、消費者と生産者の行動をどのように表すのか（需要曲線と供給曲線）、市場メカニズムに基づく市場取引によって取引価格と取引量がどのように決まるのか（市場均衡）、需要や供給がさまざまな影響で変化したとき市場にどのような影響があるのか（需要曲線・供給曲線のシフト）といった内容について見てきたが、読者のなかには、「そもそも、何で市場均衡などというものにこだわるんだ？ 自分は市場のことなんて考えたこともなく、お店も勝手に値段をつけて市場のことなんて考えているように見えないし、非現実的だ」と思う人もいるかもしれない。

そこで、「市場均衡が望ましいものかどうか」を判断するための分析道具として、「余剰分析」という方法を知り、なぜ市場取引が望ましいかを見ることにする。

●――消費者余剰・生産者余剰・社会的総余剰

第1節では、Aさんという1人の消費者の支払意思額から需要曲線を導き出したが、表2－3の通り、ケーキ（1個300円）に対してバラバラの支払意思額を持つ5人の消費者（AからEさん）の需要を考えても、同様に需要曲線を描くことができる。

ここでは、支払意思額が価格を上回っているA・B・Cの3人の消費者がケーキを買い、D・Eは買わない。この場合Aさんは、ケーキ1個に500円まで払ってもよいと考えていたのにそれよりも安い300円で買えたので、200円分得をし

表2－3　価格が300円のときの消費者便益

消費者名	A	B	C	D	E
支払意思額（単位：円）	500	400	300	200	100
消費者便益	200	100	0	－	－

たと思っている。この「得をした」ということを**消費者便益**という。同様にBさんは100円分の消費者便益を得ている。このある価格水準における消費者便益の合計を**消費者余剰**といい、市場取引によって消費者が得た便益の合計と考えられる。この場合の消費者余剰は300円ということになる。

表2－3では、5人の消費者のみの場合を考えたが、図2－8で一般的な（多数の消費者が存在している）需要曲線の場合を考えると、需要曲線と価格水準に囲まれた三角形の部分が消費者余剰ということになる。当然、この三角形の面積が大きいほど、消費者余剰が大きい、つまり市場取引によって得られる消費者便益が大きくなる。

図2－8　一般的な消費者の需要曲線と消費者余剰

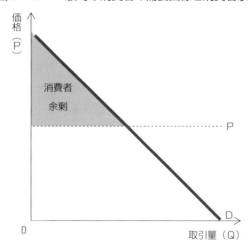

注：PはPrice（価格）を、QはQuantity（取引量）を表す

表2－4　価格が300円のときの生産者便益

生産者	A	B	C	D	E
費用（単位：円）	100	200	300	400	500
生産者便益	200	100	0	－	－

一方、ケーキ屋さんも1社だけでなくAからEの5社存在し、ケーキ生産の費用がそれぞれ表2－4の通り異なっているとしよう。消費者の場合と同様にケーキ1個の価格が300円のとき、A・B・Cの3社はケーキを生産し、D・E社は生産しない（これを**市場から退出**するという）。このとき、A社はケーキを1個生産する費用が100円であるのに対し、価格は300円なので、200円分得をする（利益を得る）ことになる。この生産者が「得をした」ということを**生産者便益**という。同様にB社は100円分の生産者便益を得ている。このある価格水準における生産者便益の合計を**生産者余剰**といい、市場取引によって生産者が得た利益の合計と考えられる。この場合の生産者余剰は300円である。

図2－9で一般的な供給曲線の場合を考えると、供給曲線と価格水準に囲まれた三角形の部分が生産者余剰ということになる。

なお、図2－8と図2－9を合わせたものが図2－10であるが、消費者余剰と生産者余剰を合わせた部分を**社会的総余剰**という。社会的総余剰は市場取引によって消費者・生産者双方が得ることができる便益の合計とみなすことができる。

図2－9　一般的な生産者の供給曲線と生産者余剰

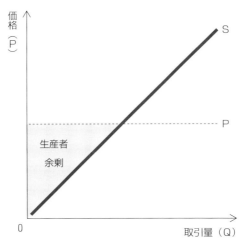

図2−10　社会的総余剰

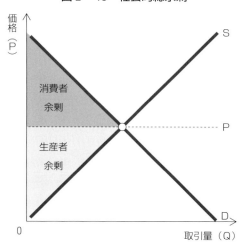

● ──市場メカニズムの効率性：市場不均衡の余剰分析

　市場取引によって達成される市場均衡では、その社会的総余剰は常に最大化される。これを**市場メカニズムの効率性**というが、なぜそういえるのかについて、以下の2つの市場不均衡の余剰分析を通じて比較してみる。

　図2−11は、均衡価格よりも高い価格で取引されている場合（超過供給）の余剰分析である。この場合の市場均衡は、需要曲線と価格水準が交わる点であり、図2−10に比べると消費者余剰は小さくなる。生産者余剰は価格が高くなった分増えた部分もあるが、取引量の減少分もあり、増えたかどうかはそれらの大小関係による。社会的総余剰は図2−10よりも小さいので、超過供給は市場取引によって得られる経済的利益を小さくするという非効率性がある。

　均衡価格より高い価格が設定されるケースとして**最低賃金制度**がある。労働者の労働供給曲線を図2−11のS、雇用する企業の労働需要曲線を図2−11のDとするなら、労働者の賃金は労働供給曲線と労働需要曲線が交わる一点で決まるはずである。しかし、政府が労働者の保護を目的として最低賃金を労働市場均衡よりも高い水準に設定すると、図2−11と同じように労働供給の超過供給が発生する。結果として、労働者の超過供給（人余り）が発生するので、図

第 2 章　需要・供給分析・基礎

図 2 − 11　超過供給の余剰分析

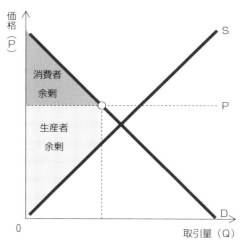

図 2 − 12　超過需要の余剰分析

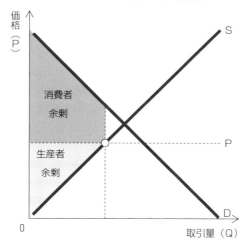

2 − 11 で色が塗られていない部分だけ超過負担が発生する。

　図 2 − 12 は、均衡価格よりも低い価格で取引されている場合（超過需要）の余剰分析である。この場合の市場均衡は供給曲線と価格水準の交わる点であり、図 2 − 10 に比べると生産者余剰は小さくなる。消費者余剰は価格が安くなった

分増えた部分もあるが、取引量の減少分もあり、増えたかどうかはそれらの大小関係による。社会的総余剰は図2－10に比べると小さくなっている。

　超過需要の実例として、欧米諸国でみられる借家の**家賃統制**がある。家賃統制とは、低所得者層が住宅を借りることができるようにするため、均衡価格より安い家賃にするように抑えることである。家賃が均衡価格より安いので、より多くの人が家を借りようとするが、住宅供給するには価格が低いので、図2－12と同じように、過少供給となり超過需要が発生する。

　図2－11、2－12を見ると、図2－10では塗りつぶされていた部分のうち、白い三角形の部分が残っている。この部分は、市場均衡では消費者・生産者いずれかの利益になっているが、市場不均衡（超過供給・超過需要）では、その部分の利益は存在しない。このような市場不均衡で失われた利益を**超過負担**、あるいは**死荷重**という。

　市場不均衡ではこのような超過負担が存在しているからこそ非効率であり、一方で市場均衡ではそのような超過負担が存在しないからこそ効率性が存在している。これこそが**市場メカニズムの効率性**である。

　現代の多くの財・サービスが市場メカニズムを通じて取引されているのは、市場取引に任せることで、社会全体の経済的利益（社会的総余剰）を最大化できることがわかっているからである。このように、経済学の基本的な考え方が現実の経済に生かされているのである。

Column

「電力自由化」で電気料金は安くなる？

　日本はそれぞれの地域で電力会社が独占的に電気を供給する「地域独占」と呼ばれる電力供給体制が続いてきたが、家庭向け電力小売りの全面自由化が2016(平成28)年4月から始まる予定である。これまでは住む地域によって電力会社が決まっており、どの電力会社から電気を購入するかの選択の余地はなかったが、これからはどの電力会社から買うか自由に選択できる。

　電力自由化によって期待される最も大きい効果は、電気料金の低下である。これまで各地域一社が独占的に供給していた電気が、多数の発電事業者が参入し、電力供給量が増えるのだから、図2－5のように供給の増加による価格低下が起こると考えられそうだ。しかしながら、すでに電力小売り自由化を行っている諸外国においては、1990年代の自由化開始直後に電気料金は下落したものの、燃料価格が上昇した2000年以降は、料金も上昇した状況であるという(日本エネルギー経済研究所『平成24年度電源立地推進調整等事業（諸外国における電力自由化等による電気料金への影響調査）報告書』平成25年3月)。その理由は、海外からの化石燃料輸入費用の上昇、電力卸売市場価格の上昇、再生可能エネルギーなど固定買取価格の電気料金への上乗せ、送配電費用負担など、さまざまな要因があげられる。

　電力自由化は単に電気料金の引き下げだけでなく、新エネルギーの普及、電力と他のサービスとのセット販売、利用者にさまざまな選択肢を提供するなどのメリットも存在する。電力自由化によって、みなさんの地域の電力供給がどうなるか、電気料金はどう変化するのか、さまざまに調べてみてはいかがだろうか。

演習問題

1．次の変化によって市場均衡はどのように変化するか、需要曲線・供給曲線のシフトという形で図を描き、説明しなさい。

(1)トマトががんの発症を抑制する効果があるという研究成果が報道されたことで、トマトを買う人が増えた。

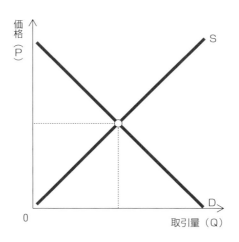

(2)台風による大雨で農家の畑が被害を受けたため、野菜の出荷量が減少した。

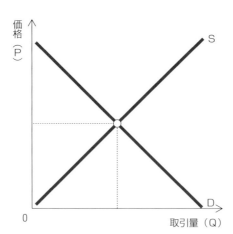

2．次の変化によって市場均衡はどのように変化し、消費者余剰・生産者余剰はどう変化するのか図で示し、説明しなさい。

(1)ソーラーパネルの大量生産を実現できる大規模工場が完成したことで、ソーラーパネルの出荷量が増加した。

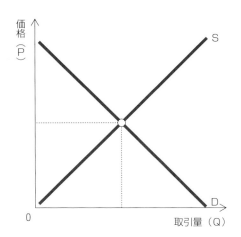

(2)新型モデルの車が発売されたことで、既存モデルの車の売り上げは減少した。

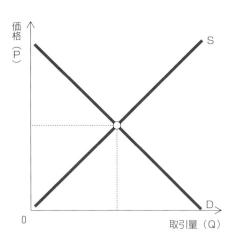

3．たばこによる健康被害が問題となっており、政府はたばこの消費を抑える政策を実施しようと考えているとする。

(1)たばこメーカーにたばこ１本当たり10円の税金を課税するとき、市場均衡はどう変化するのか、図に示し説明しなさい。

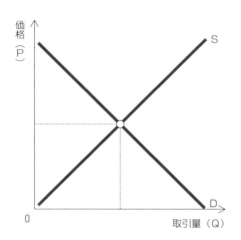

(2)喫煙者に対し、たばこ１本当たり10円の税金を徴収するとき、市場均衡はどう変化するのか、図に示し説明しなさい。

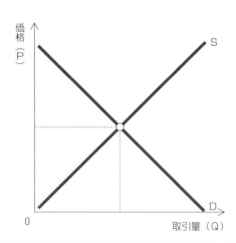

第3章 需要・供給分析・ビジネスと政策への応用

　本章では、第2章で学んだ需要・供給分析の基礎を生かして、どのようにビジネスと政策へ応用できるのかを説明していく。

　まず第1節では、経済学でよく用いられる「弾力性」という概念を説明する。弾力性は、経済学では「AのB弾力性」というような表現で使われることが多いが、本節では需要側に焦点を当てて、弾力性の基本である需要の価格弾力性と需要の所得弾力性について詳しく説明する。

　続く第2節では、企業が売上を増加させるために、どのように需要の価格弾力性を生かすことができるかについて説明する。まず、その準備として企業は価格を上げるだけでなく、下げることによっても売上を増やせる場合があることを明らかにする。そして、現実の企業が需要の価格弾力性を利用して、どのように価格設定を行っているかの具体例を紹介する。

　第3節では、市場メカニズムが有効に機能せず、社会的に望ましい経済状況が実現されないという市場の失敗について説明する。市場の失敗が起こる原因は、外部性、公共財、不完全競争、情報の非対称性の4つが代表的なものであり、それぞれについて詳しく紹介する。

　第4節では、市場の失敗を解消するために、政府がどのような公共政策を行うのかについて説明する。まず、政府の公共政策の手段を説明し、第3節で挙げる4つの市場の失敗に対する公共政策の具体例を紹介する。そして、外部性を原因とする市場の失敗が、ピグー税と呼ばれる税金によって解決されることを、余剰分析を用いて明らかにする。

1 弾力性

●——需要の価格弾力性

　第2章で学んだように、需要曲線は一般的に右下がりの曲線であるから、価格が上がる（下がる）と需要は減少（増加）するという関係にある。この節では、もう少し価格と需要の関係について掘り下げてみたい。

　例えば、スーパーマーケットでりんごが売られているとする。いつもは1個100円で売られているが、もし1個98円に価格が下がっていれば、お客さんは「あれ、今日はいつもより安く売られているなぁ」と思うかもしれない。これが1個95円にまで下がっていたら、「とても安くなっているから、たくさん食べよう」とお客さんはいつもより多く買うかもしれない。さらに、価格が92円、90円とどんどん下がっていくなら、それに応じてお客さんはりんごの購入量を増やしていくと予想できるだろう。

　このような価格と需要の関係について、より数量的な関係を知りたいときに用いるのが**需要の価格弾力性**である。この値を計算することによって、価格がどれくらい上がる（下がる）と需要はどれくらい減少（増加）するのか、別の表現を使えば、価格がどの程度変化するとそれに反応して需要はどれくらい変化するのかについて、知ることができる。

　需要の価格弾力性は具体的に数値で計算することができ、次の等式で定義される。

$$\text{需要の価格弾力性} = -\frac{\frac{\text{変化後の需要量} - \text{最初の需要量}}{\text{最初の需要量}}}{\frac{\text{変化後の価格} - \text{最初の価格}}{\text{最初の価格}}} = -\frac{\frac{\text{需要量の変化分}}{\text{最初の需要量}}}{\frac{\text{価格の変化分}}{\text{最初の価格}}}$$

$$= -\frac{\text{需要量の変化率}}{\text{価格の変化率}}$$

先ほどのスーパーマーケットで販売されているりんごの例を使って、需要の価格弾力性を計算する。りんご１個の価格が100円から90円に下がったとき、そのスーパーマーケット全体におけるりんごの需要が400個から430個に増えるとする。このときの需要の価格弾力性を定義式に代入して計算すると、

$$需要の価格弾力性 = -\frac{\frac{430個-400個}{400個}}{\frac{90円-100円}{100円}} = -\frac{\frac{30}{400}}{\frac{-10}{100}} = \frac{0.075}{0.1} = 0.75$$

のように求めることができる。

●──需要の価格弾力性の定義式についての注意

　需要の価格弾力性の定義式について、次の３つの点に注意しておきたい。１つ目は、定義式の分数の前にマイナスの符号が付け加えられていることである。後で詳しく説明するが、一般的に弾力性はその数値の大きさ（絶対値）のみが関心の対象となるので、正の値として求められるように定義される。右下がりの需要曲線について、価格と需要は逆方向に変化する関係にある（価格が上がれば需要が減り、価格が下がれば需要が増える）から、最初から正の値になるように定義式にはマイナスが付いているのである。

　２つ目は、定義式のなかの最後の部分が示している通り、定義式の分子も分母もそれぞれの変数の変化率で表されている点である（分子は需要量の変化率、分母は価格の変化率を表している）。変化率とは、分母にある「最初の値」を基準にして、どの程度変化したのか（変化分）を割合で表したものである（割合は100倍すると、おなじみの％表示になる）。したがって、変化率の表現を使うと、需要の価格弾力性は「価格が１％変化したときに需要が何％変化するのか」と言い換えることができる。

　３つ目は、２つ目の内容と関連して、なぜ需要の価格弾力性を単なる「変化分」ではなく、わざわざ複雑な「変化率」を用いて定義しているかということ

である。それは、さまざまな財の間で、単位によらずに需要の価格弾力性の値を比較できるようにするためである。例えば、スーパーマーケットではさまざまな財が売られているが、財の種類に応じてりんごやおにぎりのように個数で数えられるものもあれば、肉や魚の切り身のようにgやkg表示もあるので、変化分で表した単位はまちまちになってしまう。一方、変化率で計算すれば、どのような種類の財であっても、単位を割合で統一することができる。このように、財の間で異なる単位に煩わされることなく、容易に弾力性の値を比べるために変化率を用いるのである。

●――需要の価格弾力性と財の種類、需要曲線の傾き

　需要の価格弾力性は、その値の大きさについて1を基準に評価する。需要の価格弾力性が1より大きい場合、「その財は価格に対して需要が弾力的である」という。先の定義式の通り、需要の価格弾力性は価格の変化率に対する需要量の変化率を表しているから、この弾力性の値が1より大きいということは、需要量の変化率が価格の変化率より大きいことを表す。すなわち、価格が少し上昇（下落）しただけで需要が大きく減少（増加）することを意味する。このような性質を持つ財のことを**奢侈品**（ぜいたく品）という。奢侈品の例として、高級ブランド品や海外旅行などが挙げられる。

　逆に、需要の価格弾力性が1より小さい場合、「その財は価格に対して需要が非弾力的である」といい、価格の変化に対してあまり需要が変化しないような財が当てはまる。このような財のことを**必需品**といい、その例として米や卵、医薬品などが挙げられる。

　また、需要の価格弾力性は、需要曲線の傾きと関連付けられることも重要である。まず、図3－1の2つの需要曲線を見てほしい。左側の需要曲線は傾きが緩やかであり、右側の需要曲線は傾きが急に描かれている。

第3章 需要・供給分析・ビジネスと政策への応用

図3-1　需要の価格弾力性と需要曲線の傾き

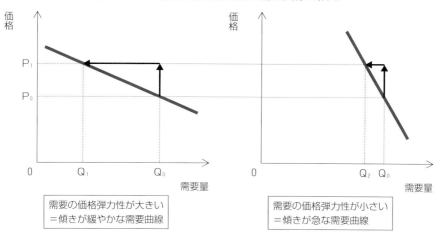

この2つの需要曲線において、価格がP_0からP_1に上がったときのそれぞれの需要の価格弾力性を求めると、以下の通りになる。

$$左側の需要の価格弾力性 = -\frac{\frac{Q_1 - Q_0}{Q_0}}{\frac{P_1 - P_0}{P_0}}$$

$$右側の需要の価格弾力性 = -\frac{\frac{Q_2 - Q_0}{Q_0}}{\frac{P_1 - P_0}{P_0}}$$

この2つの値を比較すると、分母の「価格の変化率」はどちらも同じ値（$\frac{P_1 - P_0}{P_0}$）である一方、分子の「需要量の変化率」は、絶対値で見ると左側の需要曲線の値（$\frac{Q_1 - Q_0}{Q_0}$）の方が右側の需要曲線の場合の値（$\frac{Q_2 - Q_0}{Q_0}$）よりも大きい（分母は同じQ_0であるから分子の絶対値を比較する）。よって、左側の需要の価格弾力性の方が右側の値より大きくなる。以上から、需要曲線の傾きが緩やか（急）なほど、需要の価格弾力性が大きく（小さく）なることがわかる。

表3-1 需要の価格弾力性のまとめ

	価格に対して需要が弾力的	価格に対して需要が非弾力的
弾力性の値	1より大きい	1より小さい
財の種類	奢侈品	必需品
需要曲線の傾き	緩やか	急

最後に、これまで説明してきた需要の価格弾力性の性質を表3-1にまとめておく。

●──需要の所得弾力性

需要側の弾力性として、もう1つ重要な**需要の所得弾力性**について説明する。前節までの需要の価格弾力性と同様の概念であり、「所得がどれくらい変化したら、それに反応して需要はどれくらい変化するか（所得が1％変化したら、需要は何％変化するのか）」を表す。

需要の所得弾力性の定義式は次の通りである。

$$需要の所得弾力性 = \frac{\dfrac{変化後の需要量 - 最初の需要量}{最初の需要量}}{\dfrac{変化後の所得 - 最初の所得}{最初の所得}} = \frac{\dfrac{需要量の変化分}{最初の需要量}}{\dfrac{所得の変化分}{最初の所得}}$$

$$= \frac{需要量の変化率}{所得の変化率}$$

ただし、後述する通り、需要の所得弾力性の値は正の値か負の値かで評価するために、定義式の分数の前にマイナスの符号が付いていないことに注意してほしい。

需要の所得弾力性が正の値である場合、所得の変化率と需要量の変化率は同じ方向に変化する関係といえるので、所得の増加（減少）はその財の需要を増加（減少）させる。このような性質を持つ財のことを**正常財（上級財）**と呼ぶ。

第3章　需要・供給分析・ビジネスと政策への応用

逆に、需要の所得弾力性が負の値である場合、所得と需要量の変化率は逆方向に変化する関係なので、所得の増加（減少）はその財の需要を減少（増加）させる。このような性質を持つ財のことを**劣等財（下級財）**と呼ぶ。

正常財と劣等財の例として、松坂牛や米沢牛など国産ブランド牛肉（正常財）と外国産の輸入牛肉（劣等財）、オーダーメイド（正常財）と既製服（劣等財）、飛行機のファーストクラス（正常財）とエコノミークラス（劣等財）などが挙げられる。一見、所得が増加したにもかかわらず需要が減るという劣等財の性質を奇異に思うかもしれないが、似たような財やサービスの選択について、所得が増加したらその分だけ劣等財の消費量を減らし正常財の消費量を増やすという関係は、これらの例を思い浮かべれば納得がいくだろう。

2　企業の価格設定

●――企業は価格を上げる？　下げる？

衣料品店を経営するオーナーが売上アップを目指して、商品の価格を見直している。売上を増やすためには、直感的に価格を上げれば良いと思うかもしれない。しかし、価格を上げればそれに応じて需要が減るはずだから、価格と需要量の積で計算される売上は果たして増えるのか減るのか、はっきりしない。

この問題について具体例を挙げて考えてみる。今、オーナーが自分の衣料品店で販売しているスカートとシャツの価格変更を考えているとする。この衣料品店では1着8,000円のスカートが月に40着売れて、1着3,000円のシャツが月に100着売れているとする。単純化して考えるために、スカートの価格が800円変化すると売上数が5着だけ変化するとする（また、オーナーの価格変更の選択肢は800円上げるか下げるかのどちらかしかないとする）。すなわち、スカートの価格を値上げして8,800円にすると売上数は35着になり、値下げして7,200円にすると売上数は45着になるとする。

一方、シャツは価格が450円変化すると売上数が12着だけ変化するとする（スカートのときと同様に、オーナーの価格変更の選択肢は450円上げるか下げる

表3−2　スカートとシャツの売上の比較

スカート	最初の売上＝最初の価格×売上数＝8,000円×40着＝32万円
	→値上げする場合の売上＝8,800円×35着＝30万8,000円 →値下げする場合の売上＝7,200円×45着＝32万4,000円
シャツ	最初の売上＝最初の価格×売上数＝3,000円×100着＝30万円
	→値上げする場合の売上＝3,450円×88着＝30万3,600円 →値下げする場合の売上＝2,550円×112着＝28万5,600円

かのどちらかしかないとする)。すなわち、シャツの価格を値上げして3,450円にすると売上数は88着になり、値下げして2,550円にすると売上数は112着になるとする。このとき、売上アップをもくろむオーナーは、スカートとシャツのそれぞれについて、価格を上げるか下げるかのどちらを選ぶべきだろうか。実際に2つの商品について、値上げする場合と値下げする場合に分けて、売上を比較したものが表3−2である。

各商品の最初の売上と値上げ・値下げする場合の売上を比べれば、オーナーは売上を増やすために、スカートの価格を値下げし、シャツの価格を値上げすべきであることがわかる。

● ── 需要の価格弾力性と企業の売上の関係

この例から推測すると、売上増加のために価格を上げるべきか下げるべきかというオーナーの問題は、価格の変化に対して、需要がどの程度反応して変化するのかという財の性質と関係がありそうである。このように述べれば想像がつく人も多いと思われるが、この問題を解くための鍵が前節で説明した需要の価格弾力性である。

では、改めてスカートとシャツの需要の価格弾力性を計算する。それぞれ商品について、値上げした場合の弾力性を計算すると次の通りである（先の単純化の仮定によって、値下げした場合も同様の計算結果になる）。

第3章　需要・供給分析・ビジネスと政策への応用

$$\text{スカートの需要の価格弾力性} = -\frac{\dfrac{35着-40着}{40着}}{\dfrac{8,800円-8,000円}{8,000円}} = -\dfrac{\dfrac{-5}{40}}{\dfrac{800}{8,000}} = \dfrac{0.125}{0.1} = 1.25$$

$$\text{シャツの需要の価格弾力性} = -\frac{\dfrac{88着-100着}{100着}}{\dfrac{3,450円-3,000円}{3,000円}} = -\dfrac{\dfrac{-12}{100}}{\dfrac{450}{3,000}} = \dfrac{0.12}{0.15} = 0.8$$

　前の節で説明した通り、需要の価格弾力性は1を基準にして評価するので、その値が1より大きいスカートは価格に対して需要が弾力的な財で、その値が1より小さいシャツは非弾力的な財である。また、先の表3－2の通り、売上を増加させるためにはスカートは値下げし、シャツは値上げする必要があった。これらを合わせて考えると、価格に対して需要が弾力的（非弾力的）な財は価格を下げる（上げる）ことによって、売上が増加することがわかる。

　この結論について少し補足する。冒頭の説明のように、売上を増やすには直感的に価格を上げれば良いように思えるが、需要が弾力的な財の場合にはその直感に反する。需要が弾力的な財は、少しの値上げでも需要量が大きく減少するので、結果として売上も大きく減らしてしまう。したがって、直感とは逆に値下げすべきである。値下げによる需要量の大幅な増加が、値下げによる直接的な売上の減少を十分にカバーするのである。

　それに対して、需要が非弾力的な財の場合は、価格が変化しても需要量がほとんど変化しないので、価格を上げても需要量が落ち込まず、直感の通りに売上を増加させることができる。また、容易に想像できる通り、需要の価格弾力性がちょうど1の場合、値上げと値下げのどちらを行っても売上は変化しない。

●──企業の価格設定の例

　これまでの説明から、売上の増加を目指す企業にとって、需要の価格弾力性の大きさが重要なポイントになることが理解できたであろう。現実の企業が、

自社で扱う財やサービスの需要の価格弾力性を正確に知ることは難しいが、その大きさの違いに着目して、さまざまな価格設定の工夫が行われている。その具体例を3つ紹介する。

①学生割引（学割）
　映画の鑑賞料金、美術館の入場料、電車の運賃、パソコンのOS（オペレーティングシステム）ソフトなど、世の中のさまざまな財やサービスについて、学割として学生向けの料金が低く設定されている。映画の料金を例にとって、学割について考えてみたい。
　学割が使えない一般の社会人は、学生に比べて時間的な制約は厳しいが金銭的な余裕はあると考えられる。そのため一般の社会人は、もし観たいと思う映画があれば、多少料金が高くても自分の使える時間を何とかやりくりして映画館に足を運ぶであろう。よって、一般の社会人の映画に対する需要の価格弾力性は小さいと予想でき、映画会社は一般の社会人向けには正規料金から割り引くことをしない。
　一方学生は、一般の社会人に比べて自由に使える時間は多いが、金銭的に余裕がないと考えられる。したがって、映画会社は正規の料金から割り引くことによって、学生に映画を観る機会を増やしてもらおうとする。また、少しでも映画の料金が高いと感じるなら、学生は映画に行くのを止めてカラオケやボーリングなどの他の娯楽施設に足を向けるかもしれない。したがって、学生の映画に対する需要の価格弾力性は大きいと予想できる。映画会社は学割を使って映画料金の安さをアピールし、金銭的に余裕がない学生にも映画館に足を運んでもらおうとしているのである。

②割安なプリンターと割高なインクトナー
　パソコンの普及により、企業はもちろんのこと多くの家庭にまでプリンターが設置されるようになった。プリンターを使用するには、プリンター本体だけでなく、インクトナーも常に必要になる。次の例として、メーカーによるプリ

ンターとインクトナーの価格設定について考えてみたい。

　家電量販店に行けば、多くのメーカーが多種多様なプリンターを販売し、激しい価格競争を繰り広げているのを目にする。消費者は同じような性能を持つ商品であれば、できるだけ安い商品を選ぶだろうから、少しの価格変化に対して販売数が大きく変化すると予想できる。したがって、プリンターの需要の価格弾力性は大きいと考えられる。

　それに対して、インクトナーの需要の価格弾力性はどのように考えられるだろうか。一般的に、インクトナーはあらかじめメーカーの方がプリンター本体と適合したものを指定するので、消費者が自由に使いたいものを選択できない。したがって、同じプリンターを使うには、価格が高くても安くてもそのプリンターに対応したインクトナーを買うしかない。このことからインクトナーの需要の価格弾力性は小さいと考えられる。

　メーカーは、この両財の関係を利用して、次のような二段階の価格設定を行っていると考えられる。すなわち、最初の段階で、プリンターの価格をできるだけ低くすることによってライバルメーカーとの販売競争に勝ち、自社のプリンターを購入してもらう。次の段階で、自動的に継続購入してもらえるインクトナーの価格を高めにすることによって、最初のプリンター販売における薄利の埋め合わせをする。したがって、メーカーは割安なプリンターと割高なインクトナーを組み合わせて、トータルで利益を生み出せる価格設定を行っているのである。

③通常版と豪華版のバリエーション

　DVDやブルーレイソフトの多くは、通常版とさまざまな特典の付いた豪華版が販売されている。同じ商品に対して、さまざまなバリエーションが販売されるのはなぜだろうか。

　通常版の購入者は、一応そのファンではあるけれども、必要最低限のソフトだけを手元に置いておけば良いと考える人たちであろう。したがって、比較的価格に敏感であり、安いとかお手頃であると感じないと購入してくれない。一

方、豪華版の購入者は、ソフトよりもむしろ特典の方に魅力を感じる人たちである。そのなかには、自分が普段愛用するものと、パッケージを破らずそのまま大切に保管するものとを区別するために、豪華版を複数セット購入する人もいるだろう。また、豪華版は初回限定生産50セットのように販売数を限定することも多いが、それもファンの心理を見事についている。したがって、ソフトの販売業者は、需要の価格弾力性が大きい通常版の購入者には安い価格を設定し、需要の価格弾力性が小さい豪華版の購入者には高めの価格を設定することによって、売上を増やすことができる。

3　市場の失敗

●——完全競争市場と市場の失敗

　経済学は、第2章で学んだように市場メカニズムに対して大きな信頼を寄せている。市場に任せておけば、需要と供給が一致するところで価格と量が均衡として決まり、そのもとでは社会全体で最も望ましい経済状態が達成される、すなわち社会的総余剰が最大化されるとしている。そして、このような市場メカニズムの効率性が発揮される理想的な市場のことを**完全競争市場**という。完全競争市場では、事前の取り決めや強制力といったものがなくても、市場に参加するすべての経済主体の（利己的な）活動が集計され、その結果として自動的に均衡に落ち着く。

　しかし、現実の市場は、さまざまな理由によって完全競争市場が成立していない。市場メカニズムの機能が発揮されず、経済が効率的でない状況に陥ることを**市場の失敗**という。市場の失敗をもたらす主な原因には、外部性、公共財、不完全競争、情報の非対称性の4つがあり、順にその特徴を見ていくことにする。

●——外部性

　外部性とは、ある経済主体の経済活動が市場を経由しないで、他の経済主体に影響を与えることをいう。市場を経由しないために、価格が市場参加者の経

済活動を反映した形では決定されず、それゆえに効率的な経済状態が達成されない恐れがある。外部性には、他の経済主体に良い影響をもたらす**外部経済（正の外部性）**と悪い影響を及ぼす**外部不経済（負の外部性）**の2つがあり、特に後者が起きているときに問題となる。

外部性の具体例を紹介する。ある町に新しく映画館が建設されたとする。その映画館の周囲で営業する飲食店は、映画を観終わった人の一部が飲食してくれるので、売上の増加が期待できる。これは外部経済の一つである。なぜなら、これらの飲食店は映画館の建設や映画上映のための費用を一切負担しなくても、たまたま映画館の近くに立地しているというだけで、利益を得ているからである。一方、映画館の周囲に住んでいる人たちは、映画館に来る多くの人たちによる交通渋滞や騒音などの被害を受けるかもしれない。住民がこれらの被害に対する補償を一切受けられないならば、これは外部不経済の一例であるといえる。

●——公共財

経済学的に**公共財**と定義されるものは、**非競合性**と**非排除性**と呼ばれる2つの性質を両方とも満たす必要がある（表3−3）。

それぞれの性質についてもう少し説明を補足する。まず、非競合性について具体例を挙げる。1本のペットボトルのお茶があるとき、ある人がそれを全部飲んでしまうと他の人はそれを飲むことができない（1人しか全部を飲むことができない）。したがって、ペットボトルのお茶は非競合性を満たしていないといえる。一方、美術館に展示されている絵画は多くの人が同時に観賞できるので、この性質を満たしているといえる。次に、非排除性についてであるが、

表3−3　公共財の性質

非競合性	ある人がその財を消費しても、他の人のその財の消費量が減少しない（多くの人がその財を同時かつ同量消費できる）
非排除性	料金を支払わない人がその財を消費することを排除できない

一般道路は誰でも無料で自由に利用できるのでこの性質を満たしているが、高速道路はその入口と出口に料金所が設置されていて通行料を支払うように求められるので、この性質を満たしていないといえる。

　世の中を見渡してみると、この2つの性質を厳密に持っている公共財はそれほど多くはなく、国防、外交、美しい自然環境・景観などに過ぎないことがわかる。日常生活において一見、公共財であると考えられるものでも、経済学的に公共財と定義されないことも多いので注意が必要である。例えば、先ほどの一般道路は混雑時には通行が制限されるので非競合性を満たしているとはいえないし、上下水道は公共料金を支払わないと使用できないので非排除性を満たしているとはいえず、ともに経済学的には公共財とは見なされないのである。

　公共財はなぜ市場の失敗をもたらすのか。それは公共財の供給に関する費用負担の問題が大きい。ある公共財を必要とする人を募って、その人たちに供給のための全費用を負担するように求めても、一旦公共財が供給されると、費用を負担しなかった人の使用を拒むことができず、勝手に無料で利用される。この問題を**フリーライディング**（ただ乗り）と呼ぶ。フリーライディングが予想されるなら、誰も費用を負担してまで公共財を供給しようと思わないであろう。

●――不完全競争

　第2章で学習したように、完全競争市場では個々の供給者が多数存在するために、価格支配力を持つことができなかった。しかし、市場のなかには少数の供給者しか存在せず、その供給者が価格支配力を持つことができる場合があり、これを**不完全競争**という。特に市場に1社の供給者しかいない場合を**独占**、2社以上の場合を**寡占**、2社のみの場合を**複占**と呼ぶ。

　市場が不完全競争である場合、完全競争市場の場合と比べて、少数の供給者が自らの利益のみを考えて自由に価格を設定できるので、価格が高止まりして過少生産になる。その結果、社会的総余剰も縮小してしまう。例えば、不完全競争の最も単純な場合である独占の余剰分析について、完全競争の場合と比較したものが次の図3－2である（第6章ではゲーム理論を用いた複占の分析を

第3章　需要・供給分析・ビジネスと政策への応用

図3－2　完全競争と独占の余剰分析

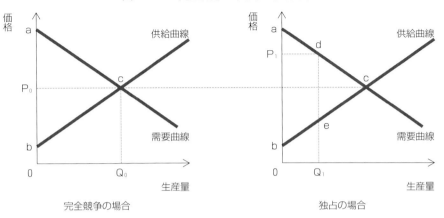

完全競争の場合　　　　　　　　　独占の場合

行っている）。

　第2章で学習したように、図3－2の左側の完全競争下の社会的総余剰は△abcとなることがわかる。一方、右側の独占の場合は、独占価格P_1が完全競争下の市場価格P_0より高くなっていて、社会的総余剰は□abedとなる。よって、この大きさは完全競争下の最適な社会的総余剰より△decだけ小さくなる。

　現実の不完全競争の例として、独占はたばこ産業・各地域における電力会社（2016［平成28］年4月より電力の全面自由化が予定されているが、当面は不完全競争の状況が継続されると考えられる）、複占は航空業界（JALとANA。ただし、近年、格安航空会社の台頭が著しく、将来的にも複占の状況が続くか不明である）、寡占はビール業界・携帯電話サービスなどが挙げられる。

● —— 情報の非対称性

　情報の非対称性とは、取引当事者の間でお互いに持っている情報の量や質が異なっている状況のことを指す。別の言い方をすれば、取引当事者の一方がよく知っているのに、その取引相手があまりよく知らない情報があるような状況である。そのような情報の格差が大きいと、活発な経済取引が妨げられて、最悪の場合はその市場が崩壊する。このような市場の典型例には、中古車市場、

労働市場、保険市場、医療市場、金融市場などが挙げられ、具体的な説明は後述する（金融市場については、章末のコラムを参照してもらいたい）。

情報の非対称性はさらに2つの問題に分類することができる。1つは**逆選択（アドバースセレクション）**と呼ばれる問題で、事前的に相手の持っている情報が分からない状況で起きる（逆選択という用語は、本来なら選ばれてほしくない質の悪い方が「逆に」選択されてしまうという意味である）。例えば、労働市場における採用試験で、求職者は自分の能力や性格、働く意欲などについてよく知っているが、面接官はそれを正しく見抜けないかもしれないという問題がこれに相当する。このとき、誤って能力の高い人が落とされ低い人が受かるかもしれず、（不採用となった）求職者・企業の双方にとって好ましくない状況である。

そして、逆選択の問題が厄介なのは、このような好ましくない状況が起きるという予想が、前の段階にさかのぼって影響を与えることである。すなわち、先の例について、応募前の段階で求職者が採用試験の不備を予想するなら、能力の高い人は、正当に評価されずに落とされるのは我慢ならないと考えて試験に応募せず、逆に能力の低い人は、ひょっとしたら受かるかもしれないと積極的に応募するのである（まさに「逆」選択が生じていることに注意してほしい）。さらにさかのぼって、この求職者の行動を予想する企業は、採用試験に応募してくるのは能力の低い人ばかりだろうと考えて、採用そのものを取り止めるかもしれない。その場合、この市場が崩壊してしまう可能性がある。

もう1つは**モラルハザード**と呼ばれる問題で、事後的に相手が取る行動の情報が分からない状況で起きる。例えば、保険市場について自動車保険による運転手のモラルハザードがある。保険に未加入の運転手は、事故を起こしてしまったら、自分で損失の全額を負担しなければならないので、慎重に運転するだろう。一方、保険に加入した運転手は、たとえ事故を起こしても、その損失を保険会社が負担してくれるので、運転が乱暴になるかもしれない（そして、保険会社は、事故が偶発的な原因によるのか、乱暴な運転によるのか、はっきりと判断できないとする）。そのようなモラルハザードが深刻なら、保険金の支払

いが増大し、保険会社はその費用を賄うために保険料を値上げせざるを得ない。保険料の値上げは「高い保険料を払っているから、事故を起こしても保険会社が手厚く補償してくれるはずだ」と、一部の保険加入者の乱暴な運転を助長し、事故をますます増加させる。このように、保険料の値上げ→事故の増加→保険金支払いの増大→さらなる保険料の値上げ…という悪循環が予想されるならば、保険会社が自動車保険を提供することは困難になり、この市場は崩壊するかもしれない。

4　政府の公共政策

●――市場の失敗に対する政府の公共政策の必要性

　経済が市場の失敗に陥っているとき、もはや市場メカニズムの効率性を期待することはできない。価格が需要と供給を一致させる点では決まらず、社会的に望ましい経済状況が実現されない。このような問題のある市場が放置されると、経済全体に対する社会的損失は計り知れないものになる。したがって、早急に市場の失敗の原因となっているものを取り除き、市場メカニズムの効率性を回復するための強制的な取り組みが必要となる。それが、政府の公共政策である。この節では、政府の公共政策がどのように市場の失敗を解決するのかを見ていきたい。

　政府の公共政策の手段として、まず法律や規制の制定を挙げることができる。法律や規制によって、市場の失敗の原因となっている経済行動を禁止・抑制・義務化しコントロールする。そして、法律や規制の存在を市場の参加者に周知し、それらが守られない場合には厳格な罰則を科さなければならない。その他の政策手段として、税金や補助金による間接的な方法、政府が直接的に供給に乗り出す方法が挙げられる。具体的に政府の公共政策が、先の4つの市場の失敗に対してどのように有効であるのかは次項で説明する。

　また、政府の公共政策が本当に社会全体の利益につながっているのかどうか、経済学的に評価されなければならない。もし、その評価が不当に低いようなら、

その政策は即刻中止すべきである。政策の経済効果を評価する1つの方法が余剰分析であり、ここでは外部不経済による市場の失敗が発生している場合に、ピグー税と呼ばれる課税によって社会的総余剰が最大化される例を紹介する。

●──公共政策の具体例

　外部性にかかわる市場の失敗について、政府は直接的に市場参加者に対して法律や規制を制定する。例えば、工場から排出される有害物質による大気汚染は、近隣住民への外部不経済をもたらす。政府は有害物質の適切な排出方法、排出量や濃度の基準値などを定めて、近隣住民の利益を守る。また、税金や補助金を活用した解決方法もある。大気汚染の例では、政府が工場に補助金を与えて、有害物質の排出を削減するための技術開発の費用を支援するなどが挙げられる。

　次に、公共財については、前節で述べたフリーライディングの問題を解決すべく、政府が直接供給することが望ましい。ただ、政府が供給するといっても、そのための費用は主に税金で賄われていることに注意が必要である。

　不完全競争に対する公共政策は、まず独占禁止法の制定が挙げられる。この法律を運用するために設置された公正取引委員会に対し、競争制限的な行為の禁止と罰則、合併の認可等の権限が与えられている。また、その地域において独占供給になっている電気やガスなどの公共料金は、事業者がその料金水準を自由に決めることができず、政府による認可が必要である。

　最後に情報の非対称性については、まず政府が法律や規制によって情報の透明性を高める手段が考えられる。例えば、有権者と政治家の間の情報の非対称性について、政治資金規正法が制定され、政治資金の収支を有権者に公開すること、および政治活動に関する寄附等についての制限などが義務付けられている。また、政府は資格や認可による制度も設けている。例えば、医療に関わる情報の非対称性について、医師免許や看護師免許などは専門教育機関を卒業し、国家試験に合格した者だけに与えられる国家資格であり、免許取得者のみが医療業務に従事できるように規定している。

第3章　需要・供給分析・ビジネスと政策への応用

● ピグー税

　最後に、政府の公共政策についての余剰分析を紹介する。ここでは、外部不経済の存在のために市場の失敗が発生している場合、**ピグー税**と呼ばれる課税によって解決されることを説明する。ピグーとはこの課税方法を最初に提案したイギリス人経済学者である。具体的に先に挙げた大気汚染を例に説明していく。

　工場は製品を生産するために、原材料や人件費などの費用を負担しているが、これらの追加的な費用のことを工場自らが生産費用として認識しているという意味で、**私的限界費用**という（第2章で学習したように、供給曲線を考えるうえでポイントになる費用の概念が、「限界」費用である点に注意したい）。さらに、工場から排出される有害物質による大気汚染は、工場周辺のきれいな空気を消費しているという意味で費用が掛かっているが、工場はその費用を負担せずに外部に悪い影響を与えている。この費用のことを**限界外部費用**という。そして、この私的限界費用と限界外部費用の合計が社会全体に掛かっている限界的な総費用であり、これを**社会的限界費用**という。したがって、社会全体にとって最も望ましい状態とは、この社会的限界費用を考慮したときの社会的総余剰が最大化された状態である。

　では、工場が私的限界費用のみを考慮する場合と社会的限界費用を考慮する場合について、それぞれの均衡を求め社会的総余剰を比較する。それを図示したのが図3－3になる。

　図にある通り、大気汚染の限界外部費用を考慮した供給曲線（社会的限界費用）が、私的限界費用のみを考慮した供給曲線から、限界外部費用分だけ上方シフトして描かれている。2つの供給曲線と需要曲線が交わるそれぞれの均衡点は、社会的限界費用を考慮した場合がE_0、私的限界費用のみを考慮した場合がE_1である。均衡点での生産量を比べると、私的限界費用のみを考慮した場合の均衡生産量Q_1は、社会的に最適である均衡生産量Q_0より過大になっていることがわかる。

　次に、この過大生産によって社会的総余剰がどのように変化するのかを見る。

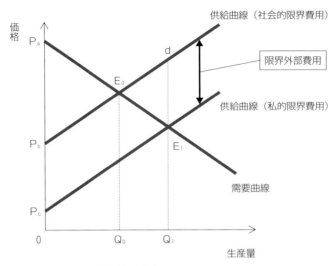

図3－3　外部不経済による市場の失敗の余剰分析

注：EはEquilibrium（均衡点）を表す

まず、均衡点E_0における社会的総余剰は、第2章で学習したように△$P_aP_bE_0$で表される。一方、均衡点E_1における社会的総余剰のチェックは少し複雑であり、順を追って説明する。まず均衡点E_0の場合と同様に△$P_aP_cE_1$の社会的総余剰の部分がある。さらに、これに加えて限界外部費用を考慮しなければならない。生産1単位当たりの限界外部費用はdE_1の長さで表され、全体では生産量Q_1との積で計算される部分、すなわち平行四辺形$P_bP_cE_1d$に該当し、これを先の社会的総余剰△$P_aP_cE_1$から取り除く必要がある。以上をまとめると、均衡点E_1における社会的総余剰は「△$P_aP_cE_1$－平行四辺形$P_bP_cE_1d$」であり、共通する□$P_bP_cE_1E_0$を相殺すると「△$P_aP_bE_0$－△dE_0E_1」にまとめられる。明らかに△dE_0E_1の死荷重が発生していることがわかる。

このとき、社会的に最適な均衡点E_0を実現するために、政府はどのような公共政策を行うのか。今までの説明から予想できる通り、工場の生産が最適な生産量より過大となっている理由は、工場が本来なら負担すべき限界外部費用を自らが負担すべき費用であると認識していないことである。したがって、政

府はこのことを工場に認識してもらい、強制的にこの費用を私的限界費用に組み入れる（これを**外部費用の内部化**という）手段を考えればいい。その手段の１つが、工場に対して限界外部費用の大きさに相当する課税を行うことで、これをピグー税と呼ぶ。この課税によって、工場の新たな供給曲線（私的限界費用）は、課税分だけ上方シフトした供給曲線（社会的限界費用）と同一になる。上記の説明より、このときの均衡点はE_0であるから、社会的総余剰が最大化された状態になっていることは明らかである。

Column

情報の非対称性と銀行の役割

　情報の非対称性による市場の失敗は、金融市場でも起こり得る問題である。このコラムでは、金融市場で中心的な経済主体である銀行がどのように情報の非対称性を解決しているのかを紹介する。

　今、ある投資家が自分のお金を将来有望な企業に貸したいと考えているとする。投資家はお金を貸す前に企業の事業内容・計画、採算性などについて調べるが、完全には把握できないかもしれない（逆選択の可能性）。また、お金を貸した後も投資家は企業が事業を計画通り行い、お金をきちんと返済してくれるのか心配になるだろう（モラルハザードの可能性）。このような情報の非対称性によって、有益な事業を実行しようとする企業に必要な資金が供給されなければ、社会全体にとって大きな損失となる。

　そこで銀行の出番である。銀行は経済に対してさまざまな役割を担っているが、主要なものとしてこの情報の非対称性を解消する役割がある。銀行が資金を貸し出す前に企業を審査することや、貸し出した後に企業を監視することを「情報生産」というが、銀行はこの情報生産を効率的に行う専門組織ととらえることができる。

　銀行が他の経済主体よりも情報生産を効率的に行える理由は、銀行が多くの企業に貸し出すことによって、情報生産の専門技術や経験を蓄積し、それを別の企業の情報生産に再利用できるからである。さらに、このことは情報生産の精度を高め、情報生産費用の節約にもつながる。また、銀行に対するさまざまな規制、金融庁検査などの政府の公共政策も、銀行が適切に情報生産を行い健全な経営をするように促している。

　現在の日本の金融システムは、序章で触れられたように、銀行を中心とした間接金融から銀行を経由しない直接金融に移行しつつある。しかし、時代は変わっても、銀行の情報生産を必要とする資金需要がなくなることはないと思われるので、銀行にはより効率的に情報生産を行える仕組みの構築が求められる。

演習問題

1. 次の財を供給する企業は、売上を増加させるために値上げすべきか値下げすべきか、需要の価格弾力性を計算して判定しなさい。
   (1) パソコン1台の価格を5％上げたとき、その需要が7％減る場合
   (2) スーツ1着の価格を3万円から2万4,000円に下げたとき、その需要が200着から236着に増える場合

2. 同じ銘柄の缶コーヒーが、スーパーマーケットの店内では定価より安く売られている一方で、店の前の自動販売機では定価で売られている。この価格設定の違いについて、需要の価格弾力性をヒントに説明しなさい。

3. 周囲に騒音をまき散らす工場について、次の図のような供給曲線と需要曲線の関係があるとする。このとき、次の3つの計算問題を解答しなさい。

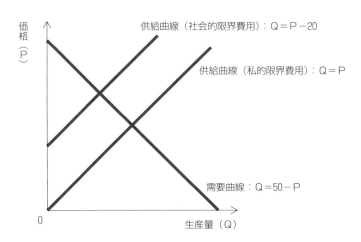

(1) 私的限界費用のみを考慮した場合の均衡点について、その均衡価格と均衡生産量を求めなさい。
(2) 社会的限界費用を考慮した場合の均衡点について、その均衡価格と均衡生産量を求めなさい。
(3) 死荷重の大きさを求めなさい。

第4章　GDP・物価・失業

1　経済をマクロでとらえる

　第4章と第5章ではマクロ経済学の基礎について概観する。ミクロ経済学はすでに序章で説明がなされているように、家計・企業・政府といった各経済主体に焦点を当てて分析する分野である。一方、マクロ経済学は、各経済主体の行動にそれほど重きを置かず、個々の財・サービスあるいは個々の経済主体についての集計量（経済指標）に一層重点を置いて分析する。例えば、政府が公共事業のような財政政策を行ったり、金融当局が金融政策を行ったりすることで、どれだけGDP（国内総生産）が増加するか、または国全体としての物価水準や失業率にどの程度の変化をもたらすのか、などといったことを分析する。

　さて、「経済」という言葉に一度立ち返ってみよう。太宰春台は、彼が著した『経済録』という書物において、「経済」について次のように記している。

　　「凡天下国家を治むるを経済と云、世を経め、民を済ふを云ふ義也」[1]

　すなわち彼は、国家をよりよくするための政策を積極的に行い、その国に住む人々の生活を救うことを「経済」と述べている。このように、「経済」という言葉は、本来はマクロ経済学の勘所を押さえた言葉なのである。

　第4章では、GDP、物価および失業率といったマクロ経済学を学ぶに当たって大事な指標について理解を深める。

2　GDP（国内総生産）

　さまざまなニュースや高校までの社会科の授業のなかで、日本は世界第3位の経済大国であるという事実を耳にしたであろう。次の表4－1は主要な国々の名目**GDP**の推移である。この表のなかで一番直近のデータは2013年である。これを見ると、日本は500兆円程度の国内総生産を生み出しており、さらに国内総生産の値を比較すると、日本はその値がアメリカ合衆国（およそ1,700兆円）、中国（およそ920兆円）に次いで3番目ということがわかる。また、中国の国内総生産の伸びがここ数年で飛躍的に上昇してきたことも理解できる。それではGDPとは一体どういう概念で、どのように計算されるものなのだろう。

●——GDPとは
　どこの国や地域においても、区切られたある一定期間のなかでさまざまな財

表4－1　主要な国々の名目GDP推移

（単位：100万米ドル）

	2000年	2005年	2010年	2012年	2013年
日本	4,730,102	4,578,144	5,510,722	5,952,575	4,920,680
韓国	561,634	898,137	1,094,499	1,222,807	1,304,554
中国	1,192,836	2,287,237	5,949,785	8,229,447	9,181,204
アメリカ合衆国	10,284,800	13,093,700	14,964,400	16,163,200	16,768,100
カナダ	739,451	1,164,179	1,614,072	1,832,716	1,838,964
ブラジル	644,729	882,044	2,143,035	2,248,817	2,243,854
イギリス	1,548,592	2,412,116	2,407,934	2,614,946	2,678,455
イタリア	1,142,213	1,853,466	2,126,620	2,091,761	2,149,485
ドイツ	1,947,207	2,857,559	3,412,009	3,533,242	3,730,261
フランス	1,368,435	2,203,626	2,646,836	2,686,724	2,806,432
ロシア	259,718	764,016	1,524,917	2,017,468	2,096,774
オーストラリア	409,063	762,377	1,290,335	1,578,010	1,531,282

出典：総務省統計局「世界の統計2015第3章の3　国内総生産（名目GDP、米ドル表示）」より作成

やサービスが生み出され、市場で取引されている。そして、その期間で生産される財は**中間生産物**と**最終生産物**の2つに分けることができる。中間生産物とは、他の財・サービスを生産するために、ある年の途中で再び使用される財のことである。最終生産物とは、家計や企業に販売される財・サービスのことである。消費者によって最終的に消費される財および、その年のうちに使われない財は最終生産物である。そして、**GDP（国内総生産）**とは、ある一定期間（通常1年）にある国の国内で新しく生産された最終生産物の市場価格による価値の総額のことである。

　ここでGDPには中間生産物の価値を含めないことに注意しよう。なぜなら、最終生産物の価値のなかに中間生産物の価値がすでに含まれており、中間生産物の価値をさらに加えてしまうことは、その価値を重複してとらえてしまうからである。

　単純な例を使ってGDPの計算について説明しよう。ここでは図4－1にあるような、小麦農家・製粉工場・パン屋からなる「国」を考える。

　小麦農家・製粉工場・パン屋は次のような経済活動を行っているものとしよう。小麦農家は肥料や農具を使用せずに小麦を生産し、それらを100円で製粉工場に売る。小麦を売ったことで小麦農家は100円の所得を得るが、それはすべてパン屋が製造するパンの購入に充てられる。製粉工場は小麦農家から小麦を100円で購入し、製粉して200円で小麦粉をパン屋に売る。このとき製粉工場は200－100＝100円の所得を得るが、それはすべてパン屋が製造するパンの購入に充てられる。パン屋は製粉工場から小麦粉を200円で購入し、それを用いて総額300円のパンを作る。出来上がったパンは小麦農家と製粉工場にそれぞれ100円で買い取ってもらい、残りの100円分のパンはパン屋自身が購入し消費する。この例で中間生産物に当たるのは小麦と小麦粉であり、最終生産物に当たるのはパンである。

　この国の産出総額は、農家の産出額（100円）＋製粉工場の産出額（200円）＋パン屋の産出額（300円）＝600円となる。しかし、GDPの定義から明らかなように、この値はGDPの値とはなり得ない。この計算では小麦を3度、小

図4−1　小麦農家・製粉工場・パン屋からなる「国」

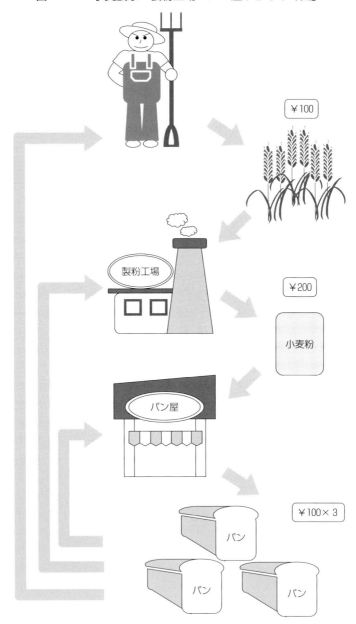

第4章　GDP・物価・失業

麦粉を2度重複して計算しているからである。GDPの値としては最終生産物であるパンの価値のみを考慮する。よって、この国のGDP（すなわち最終生産物の総額）は300円ということになる。

またGDPは、ある一定期間にある国の国内で新しく生産された市場価格による**付加価値**の合計ととらえることもできる。付加価値とは、各経済主体が生産活動によって生み出した純粋な成果を市場価格で評価した値である。

先ほどの例を用いて再度考えてみよう。小麦農家は費用をかけずに小麦を収穫し、それを製粉工場に100円で売却している。よって、この小麦農家が獲得した純粋な成果は100－0＝100円である。製粉工場は小麦農家から100円で小麦を購入し、パン屋に200円で小麦を売却する。よって製粉工場が獲得した純粋な成果は200－100＝100円である。パン屋は製粉工場から200円で小麦粉を購入し、小麦農家と製粉工場とパン屋がそれぞれ100円（すなわち総額300円）でパンを購入する。よって、パン屋が獲得した純粋な成果は300－200＝100円である。小麦農家、製粉工場、パン屋それぞれが獲得した純粋な成果は100円であるので、この「国」全体が獲得した純粋な成果は100＋100＋100＝300円となる。これは先ほどの最終生産物の価値の大きさと一致する。本来はこのようにしてGDPを計算する。

● ── 国内純生産（NDP）、国内所得（DI）

生産に使われる機械や工場の建屋などの設備等は、生産が行われるたびに磨耗し、その分だけ価値が減じていく。これを**固定資本減耗**という。本来、新しく生み出された価値がある一方で、その年に生産が行われることによって失われる価値があることを認めるべきだが、GDPの計算においてはこのことが考慮されない。GDPはその意味で、その国で作り出した付加価値を過大に評価している。その問題点を取り除いた値が**国内純生産（NDP）**である。NDPは、

国内純生産（NDP）＝GDP－固定資本減耗

と計算される値である。

　GDPもNDPも同様だが、それらの計算は市場価格でなされる。市場価格はある財やサービスの本来の価値を表していないことがあり得る。例えば、ガソリンの市場価格は本来の価格に揮発油税と消費税が上乗せされた値となっている。また、電気自動車は購入の際に国から補助金を受けられる。この補助金があると、消費者は電気自動車本来の市場価格より安く入手することができる。このように、取引される財の市場価格はその財の価値を過大、もしくは過小に評価している可能性があり、それに伴いNDP（またはGDP）も過大、もしくは過小に計算され得る。その問題点を取り除いた値が**国内所得（DI）**である。国内所得（DI）は、

$$DI（国内所得）＝NDP－間接税＋補助金$$

と計算される値である。

図4－2　GDP、NDP、DIの関係

```
┌─────────────────────────────────┐
│           総産出量               │
└─────────────────────────────────┘
              ↓
┌──────────────────────┬──────────┐
│   国内総生産（GDP）   │中間生産物│
└──────────────────────┴──────────┘
         ↓
┌──────────────────────┬──────────┐
│   国内純生産（NDP）   │固定資本減耗│
└──────────────────────┴──────────┘
     ↓
┌──────────────────┬──────────────┐
│  国内所得（DI）   │間接税－補助金│
└──────────────────┴──────────────┘
```

●──名目GDPと実質GDP

　表4－1の標題を再び見てみよう。そこには「名目GDP」という言葉がある。GDPの値を観察するときには、その値が「名目」なのか「実質」なのか、少々注意する必要がある。本項では名目GDPと実質GDPの違いについて概観していくことにしよう。

　ある小麦農家が次の表4－2のような生産をしていたとしよう。ただし、先

表 4 − 2　ある小麦農家の小麦の生産量と生み出した付加価値

生産した年	小麦の生産量（kg）	小麦 1 kg当たりの価格(円)	付加価値
2010年	5	20	100
2015年	3	40	120

ほどの例と同様に、小麦農家は肥料や農具を使用せずに小麦を生産しているものとする。

　2010年にこの小麦農家は小麦を 5 kg生産した。当時の小麦 1 kg当たりの価格が20円だったとすると、小麦農家がこの年に新たに作り出した付加価値は100円である。2015年にこの小麦農家は小麦を 3 kg生産した。当時の小麦 1 kg当たりの価格が40円だったとすると、小麦農家がこの年に新たに作り出した付加価値は120円である。

　ここで、小麦農家が生産した小麦の付加価値にだけ着目してみよう。2010年の付加価値と2015年の付加価値を比べてみると付加価値が1.2倍上昇したように見える。しかし、これで小麦農家が小麦の生産をがんばったと評価しても良いのだろうか。

　この例では小麦の生産量が減少しているにもかかわらず、小麦の付加価値は逆に増えている。付加価値が上昇しているのは小麦の生産量が増えたからではなく、小麦の価格が上昇したためである。このように、その時々の価格によって評価された付加価値は、本来の生産活動の状況を正確に表すとは言い難い。

　そこで、2015年の小麦の付加価値を2010年の小麦の価格を用いて計算してみよう。すると、 3 （kg）×20（円）＝60円となる。小麦の価格をある時点のものに統一することによって、生産活動の増減と付加価値の動きに矛盾が生じなくなる。

　先述した通り、GDPはある一定期間にある国の国内で新しく生産された市場価格による付加価値の合計である。年ごとに違う市場価格を用いて付加価値を計算するか、過去のある年の市場価格を基準にして付加価値を計算するのかによって、集計された付加価値であるGDPの値は異なってくることは容易に

想像できるだろう。年ごとの市場価格で評価したGDPを**名目GDP**といい、ある一時点の市場価格で評価したGDPのことを**実質GDP**という。

表4－3は日本の名目GDPと実質GDPの推移を表したものである。実質GDPについては2005年の物価を基準に算出している。2001年と2002年を比べてみよう。名目GDP、すなわちその年ごとの市場価格で評価したGDPを見てみると、2001年の名目GDPの方が2002年の名目GDPより大きい。ところが実質GDP、すなわちある過去の一時点（ここでは2005年）の市場価格で評価したGDPを見てみると、2002年の実質GDPの方が2001年の実質GDPより大きい。このように、実際のデータ上からも、名目GDPと実質GDPの動きが必ずしも一致しないことがあり得る。

表4－3　名目GDPと実質GDPの推移
(単位：10億円)

暦年	名目GDP	実質GDP
1994	495,743.4	446,779.9
1995	501,706.9	455,457.9
1996	511,934.8	467,345.6
1997	523,198.3	474,802.7
1998	512,438.6	465,291.7
1999	504,903.2	464,364.2
2000	509,860.0	474,847.2
2001	505,543.2	476,535.1
2002	499,147.0	477,914.9
2003	498,854.8	485,968.3
2004	503,725.3	497,440.7
2005	503,903.0	503,921.0
2006	506,687.0	512,451.9
2007	512,975.2	523,685.8
2008	501,209.3	518,230.9
2009	471,138.7	489,588.4
2010	482,384.4	512,364.2
2011	471,310.8	510,044.6
2012	475,110.4	518,989.2
2013	480,128.0	527,362.4

出典：内閣府「2013年度国民経済計算確報（2005年基準・93SNA）」より作成

●——GDPとGNPの違い

　一昔前の日本では、国家の経済力を示す指標としてGDPではなく、**GNP（国民総生産）** が使われていた。国民総生産（GNP）とは、ある一定期間にある国の国民が新しく生産した最終生産物の価値の総額のことを指す。

　昨今の野球事情を例に、それぞれの値の違いについて説明しよう。日本人でメジャーリーグに所属するプレーヤーは、アメリカで素晴らしいプレーを観客に見せる

ことで付加価値を生産している。彼らは日本人なので、彼らの作り出した付加価値はアメリカのGNPではなく、日本のGNPに含まれる。しかし、彼らはその付加価値を日本ではなくアメリカで生産しているので、彼らの生み出した付加価値は日本のGDPに含まれず、アメリカのGDPに含まれる。

　一方、アメリカ人で日本のプロ野球に所属するプレーヤーは、日本で素晴らしいプレーを観客に見せることで付加価値を生産している。彼らはアメリカ人なので、彼らの作り出した付加価値は日本のGNPではなく、アメリカのGNPに含まれる。しかし、彼らはその付加価値をアメリカではなく日本で生産しているので、彼らの生み出した付加価値はアメリカのGDPに含まれず、日本のGDPに含まれる。

　この例からわかるように、GDPは海外からの純所得（すなわち、海外からの所得受け取り分から海外への所得支払分を差し引いた値）を含まない値であるが、GNPは海外からの純所得を含む値である。すなわち、

$$GNP = GDP + 海外からの純所得$$

で表される値である。同様に、**国民純生産（NNP）**および**国民所得（NI）**も海外からの純所得を加えた値である。

　なお日本では、GNPと同様の概念として、**国民総所得（GNI）**を新たに導入していることを付け加えておく[*1]。

●——GDPの問題点

　ある国の経済の発展の大きさなどを観察するのにGDPは大切な役割を果たしていることは言うまでもない。しかし、その値が人々の生活のすべてを映し出しているのかというとそうではない。

[*1] 詳細は内閣府ホームページ「GDPとGNI（GNP）の違いについて」を参照。
http://www.esri.cao.go.jp/jp/sna/otoiawase/faq/qa14.html（平成28年2月1日閲覧）

第１に、GDPは、原則として市場価格で測ることができる事象しか評価しない。例えば、家庭内で行われる妻や夫による家事サービスは、市場で取引されるサービスではなく市場価格がつかないため、GDPの計算に入らない。ただし、持ち家の家賃や公共サービスなどについては、実際には市場取引がなされていなくても、市場で取引されたというように仮定して、例外的にGDPの集計に加える。これを**帰属計算**という。

　第２に、仮に環境破壊が進み、それに伴い被害者の医療費や、破壊された環境の修復費用などが増えたとしよう。医療サービスや環境の修復は、市場で決められた価格で評価がなされるので、これらはGDPの計算に入ることになる。しかし、GDPの値が大きいからといって、必ずしもその値の大きさが生活の質の良さや豊かさを反映しているとは限らない。

　もう１つ例を挙げよう。それぞれの国に同じ設備を備えたテニスコートがあったとする。ある国（Ａ国）のテニスコートは１時間借りると100という使用料が取られる。しかし、一方の国（Ｂ国）では何時間使っても使用料は取られない。そうすると、Ａ国にあるテニスコートは金銭的な付加価値を生み出すということになるが、Ｂ国のテニスコートは何ら付加価値を生み出さない。生活の質の豊かさという観点で考えた場合、Ａ国は豊かであるといえるだろうか。

　そこで、他の「豊かさ」を示す指標、例えば国の力を「幸福」によって表す国民総幸福量（GNH）などの概念をつくるなど、さまざまな試みがなされている。総合的な「豊かさ」をGDPは表していないかもしれないということは、心に留めておくべきことである。

3　GDPの三面等価の原則

　GDPは、生産の側面のみならず、分配の側面および支出の側面からとらえることが可能である。本節ではそのことについて具体的に説明していこう。

第4章　GDP・物価・失業

● ──「生産」から「分配」へ

　前節の図4−1の事例では、小麦農家は小麦を生産し、100円で製粉工場に売った。そして、小麦を売ったことで小麦農家は100円の所得を得た。製粉工場は小麦農家から小麦を100円で購入し、製粉して200円で小麦粉をパン屋に売った。そして、製粉工場は100円の所得を得た。パン屋は小麦農家から小麦粉を200円で購入し、それを用いて総額300円のパンを作った。出来上がったパンは小麦農家と製粉工場にそれぞれ買い取ってもらい、残りのパンはパン屋自身が購入し消費しているので、このパン屋は300円の所得を得たとみなして差し支えない。各経済主体によって生産された付加価値は、小麦を売った代金や、小麦粉を売ったことによる利潤、パンを売ったことによる利潤という形で各経済主体に分配される。

　先述した通り、GDPはある一定期間にある国の国内で新しく生産された市場価格による付加価値の合計である。国全体で生産された付加価値もまた、国内の労働者の賃金や国内企業の利潤として分配される。このように見ていくと、ある一定期間内に国内で生産された付加価値の総額と、ある一定期間内に国内の各経済主体に分配された所得の総額は等しくなっていると考えられる。

　生産された付加価値は国内全体にどのように分配されているのだろうか。大まかにとらえると、国内の家計と企業および政府それぞれが得る所得に分けることができる。**SNA（国民経済計算）** [*2]では、

分配面のGDP＝雇用者所得＋営業余剰＋固定資本減耗＋（間接税−補助金）

と表される。雇用者所得は、文字通り、労働者などの雇用されている者に対して分配された所得のことである。営業余剰は、企業などがその生産活動を通じて獲得した所得のことである。固定資本減耗は、減価償却累計額として企業が

[*2]　詳細は内閣府ホームページ「SNAの見方」参照。
　　http://www.esri.cao.go.jp/jp/sna/data/reference3/93snapamph/chapter1.html（平成28年2月1日閲覧）

計上するものであり、会計上は企業の所得とみなす。また、(間接税−補助金)の部分は、政府の所得とみなす。このように、新たに作り出された付加価値は、家計、企業および政府のいずれかに所得として分配される。

● ――「分配」から「支出」へ

　図4−1の事例では、小麦農家は小麦を売ったことで100円の所得を得るが、それはすべてパン屋が製造するパンの購入に充てられる。製粉工場も100円の所得を得るが、それはすべてパン屋が製造するパンの購入に充てられる。パン屋も100円の所得を得るが、その所得はパン屋自身がパンを購入し消費する代金に充てられる。各経済主体に分配された所得は、各経済主体がパンを購入するための支出に充てられている。

　先述した通り、GDPはある一定期間にある国の国内で分配された所得の合計である。国全体で分配された所得は、各経済主体によって最終生産物への支出のために使われる。このようにみていくと、ある一定期間内に国内で分配された所得の総額と、ある一定期間内に国内で各経済主体によって最終生産物へ支出される総額は等しくなっていると考えられる。支出面のGDPは、

支出面のGDP＝民間最終消費支出＋政府最終消費支出＋国内総固定資本形成
　　　　　　＋在庫品増加＋(輸出−輸入)

と表される。

　民間最終消費支出とは、家計によってなされた最終生産物に対する支出である。**政府最終消費支出**とは、政府によってなされた最終生産物に対する支出である。**国内総固定資本形成**とは、民間および政府によってなされた機械や設備に対する投資の支出である。**在庫品増加**とは、完成品の在庫の変化量を表す値である。支出面のGDPとは、言い換えれば「需要の側面」からみたGDPととらえることもできる。例えば、民間最終消費支出は家計による需要の総額である。(輸出−輸入)は、自分の国が生産した最終生産物に対する海外の需要である。そのような理由で(輸出−輸入)の分も支出面のGDPに含むのである。

図4-3 「三面等価の原則」のイメージ

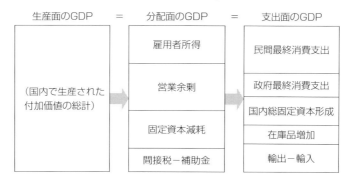

4 物価と失業

●——物価指数

　景気の良し悪しを判断する材料として、市場で取引される財・サービスの価格、すなわち**物価**の水準を観察することは極めて重要である。景気の改善は、例えば人々の稼得に良い影響をもたらすので、それに伴い人々の需要は旺盛になるだろう。市場で取引される財の価格が上昇するのは想像に難くない。

　物価指数とは、物価の水準を指数にして表したものである。具体的には、物価水準の変動を客観的に表すため、基準となる年（基準年）の物価を100として指数化した値である。ここでは、代表的な物価指数としてなじみの深いものを3つ挙げておこう。

　第1に、**消費者物価指数**である。消費者物価指数とは、一般的な消費者が日常的に購入する財やサービスの価格を指数化した値のことである。

　例を挙げて説明してみよう。今、ある国の消費者が、パン5斤とチョコレート4枚のみを日常的に消費するとする。そして、基準となる年を2010年とし、そのときのパン1斤の価格が150円、チョコレート1枚の価格が100円だったとしよう。また、比較する年を2015年とし、そのときのパン1斤の価格が200円、

チョコレート1枚の価格が150円だったとしよう。

2010年(基準年)の価格で消費者がパン5斤とチョコレート4枚を買うために必要な金額は、

$$(150 \times 5) + (100 \times 4) = 1,150 \text{ (円)}$$

2015年(比較年)の価格で消費者がパン5斤とチョコレート4枚を買うために必要な金額は、

$$(200 \times 5) + (150 \times 4) = 1,600 \text{ (円)}$$

とそれぞれ計算される。

ここで、2015年の消費者物価指数を x とおこう。この例では2010年を基準年としているので、2010年の消費者物価指数は100である。よって、2015年の消費者物価指数 x は、おのおのの年の消費者物価指数の比とおのおのの実際の物価の比が等しくなっているという関係、すなわち、

$$\underset{\substack{2015年の \\ 消費者物価指数}}{x} : \underset{\substack{2010年の \\ 消費者物価指数}}{100} = \underset{\substack{2015年の \\ (消費者)物価}}{1,600} : \underset{\substack{2010年の \\ (消費者)物価}}{1,150}$$

を計算することによって求められる。この例では2015年の消費者物価指数は $x \approx 139.1$ と計算される。つまり、この例では2015年の消費者が購入する物価は2010年と比べておよそ1.4倍上昇したということがわかる。

第2に、**企業物価指数**である。企業物価指数とは、原材料など、企業間で取引される財の価格を指数化した値のことを指す。

例を挙げて説明してみよう。今、ある国の企業の間で、小麦粉100kg、カカオ50kgの取引があるとする。基準となる年を2010年とし、そのときの小麦粉1kg当たりの価格が100円、カカオ1kgの価格が50円だったとしよう。また、比較する年を2015年とし、そのときの小麦粉1kg当たりの価格が200円、カカオ1kgの価格が100円だったとしよう。

2010年（基準年）の価格で企業が小麦粉100kgとカカオ50kgを買うために必要な金額は、

$$(100 \times 100) + (50 \times 50) = 12{,}500 \text{（円）}$$

2015年（比較年）の価格で企業が小麦粉100kgとカカオ50kgを買うために必要な金額は、

$$(200 \times 100) + (100 \times 50) = 25{,}000 \text{（円）}$$

とそれぞれ計算される。

ここで、2015年の企業物価指数を y とおこう。この例では2010年を基準年としているので、2010年の企業物価指数は100である。よって2015年の企業物価指数 y は、おのおのの年の企業物価指数の比とおのおのの実際の物価の比が等しくなっているという関係、すなわち、

$$\underbrace{y}_{\substack{2015\text{年の}\\\text{企業物価指数}}} : \underbrace{100}_{\substack{2010\text{年の}\\\text{企業物価指数}}} = \underbrace{25{,}000}_{\substack{2015\text{年の}\\\text{（企業）物価}}} : \underbrace{12{,}500}_{\substack{2010\text{年の}\\\text{（企業）物価}}}$$

を計算することによって求められる。この例では、2015年の企業物価指数は $y = 200$ と計算される。つまり、この例では2015年の企業間で取引される財・サービスの物価が2010年と比べて2倍になったということがわかる。

消費者物価指数がそれほど動かないのにもかかわらず、企業物価指数が上昇するというようなことは当然起こり得る。例えば、生産を行うために必要な財が高騰すれば、企業物価指数は上昇するであろう。しかし、生産に必要な財の値上げ分を生産者側が負担し、彼らの作った消費財の価格の上昇が抑えられたとしたらどうだろうか。この場合は企業物価指数の上昇ほど、消費者物価指数は上昇しないことが容易に想像できる。このように、消費者物価指数と企業物価指数は連動して動くとは限らない。

第3に、

$$\frac{名目GDP}{実質GDP} \times 100$$

で表される値のことを**GDPデフレーター**とよぶ。GDPデフレーターも、物価指数の一つである。GDPデフレーターは、消費者に消費される財・サービスおよびそれらの価格、生産者が生産のために使うための財・サービスおよびそれらの価格どちらも考慮に入れる。よって、国全体として物価がどれだけ変化したのかを知るにはGDPデフレーターを観察するのがより適切といえるだろう。

● ——失業

失業には次のようなタイプがある。**自発的失業**、**摩擦的失業**および**非自発的失業**である。

自発的失業とは、賃金面などさらに良い条件の職に就くためにあえて現在職に就かない、もしくは仕事を求めることをあきらめるなど、自分の意思で働かないことを選択することによって生じる失業のことをいう。摩擦的失業とは、求職活動や職業訓練など、新たに働く場へ異動する過程において生じる失業のことをいう。自発的失業および摩擦的失業は景気の良し悪しにかかわらず存在する失業である。

非自発的失業とは、自発的失業とは異なり、現状の賃金水準で働きたいと望んでいるにもかかわらず、企業側の労働需要が足りないがために生じる失業のことをいう。一般的に問題になる失業とは、多くの場合は非自発的失業を指している。

一般に失業率という場合、**完全失業率**のことを指す。完全失業率とは、

$$\frac{完全失業者}{労働者人口} \times 100$$

で表される。

求職している人すべてが職についている状態を**完全雇用**の状態という。これ

までの説明で明らかだが、完全雇用とは、失業者が全く存在しないということを表しているのではない。完全雇用の状態が実現しても、少なくとも自発的に失業する人は存在する。

景気が良くなれば、企業の生産意欲が高まるので、求人数、すなわち労働需要が増加する。そのため、働きたくても働けなかった人々の雇用状況が改善し、非自発的失業者の数が減少していくことは容易に想像できるだろう。完全失業率の改善、すなわちその値の低下は、景気が好転していることを表す拠り所となり得る。

さて、表4-4を見てみよう。これは主要国の年平均の完全失業率である。各国によって完全失業率を計算するうえでのデータの取り方が若干異なることに留意する必要はあるものの、日本の完全失業率が改善の兆しを見せている一方で、欧州諸国の完全失業率がだいぶ高くなっている。

失業の問題は、個人の就職や生活のみならず、国家の安定などに直結する問題である。完全失業率が高まった国々で激しいデモが起こっている様子がテレビなどで放映されているのを見ると、失業問題の放置は国家の安定に悪影響を及ぼしかねないということが容易に想像できるだろう。どのようにすれば失業を減らすことができるのかについては、第5章で説明される。

表4-4　主要国の完全失業率の年平均

(単位：％)

	日本	韓国	アメリカ	カナダ	イギリス	ドイツ	イタリア	フランス
2010年	5.1	3.7	9.6	8.1	7.9	7.0	8.4	9.3
2012年	4.3	3.2	8.1	7.3	8.0	5.4	10.7	9.8
2013年	4.0	3.1	7.4	7.1	7.6	5.2	12.1	9.9
2014年	3.6	3.5	6.2	6.9	6.2	5.0	12.7	9.9

出典：総務省統計局「労働力調査（基本集計）平成27年（2015年）8月分」より作成

Column

経済統計の探し方

　図書館などに行くとさまざまな統計に関する文献に容易に接することができる。しかし、すべての文献はかなり分厚いものである。また、インターネット上でも数限りなく存在するのではないだろうかと思わせるぐらい、膨大な統計データに簡単に接することができる。試しに総務省統計局のホームページ（http://www.stat.go.jp/）を見てみよう。このホームページを見ただけでも、日本の現在の状況についておびただしいデータが蓄積していることが理解できる。ただし、何の関心もなくこれらの統計データを眺めていても（数字の羅列を眺めることが楽しいという人は別として）、何の役にも立たない。では、これらのデータを役立たせるためにはどうすれば良いのだろうか。

　卒業論文を執筆する学生にも（場合によっては、講義課題でレポートを書く必要に迫られている学生も）、社会科学を生業とする研究者にも共通していることではあるが、まず、

①自分なりに関心のあるテーマを漠然とでも構わないので見つけて、そのテーマを自分の身の回りの問題に置き換えてさまざまな想像をしてみることから始めてみる。

そうすると、

②自分の周辺ではこういうことが起こっているかもしれないけど、ほかの地域や日本全体としても同じような問題が起こっているのだろうかという関心が出てくるかもしれない。

そのような思考をある程度深め、

③関連する文献を（ほんの少しでも）読んでみたうえで、テーマに沿った統計データを収集していくというのが意外と効率的かもしれない。

　端的に言うと、テーマをある程度決めた後に、統計データ探しを行った方が、必要な統計は見つけやすい。

演習問題

1. 米と小麦のみ生産している国があるとする。下の表は米と小麦について2014年と2015年の価格と数量を示している。2014年を基準年としたとき、以下の問いに答えなさい。

	価格		数量	
	米	小麦	米	小麦
2014年	1	2	150	150
2015年	2	1.3	200	200

(1) 2014年の名目GDPを求めなさい。
(2) 2015年の名目GDPを求めなさい。
(3) 2015年の実質GDPを求めなさい。
(4) 2015年のGDPデフレーターを求めなさい。

2. ある国の消費者は、りんご4個とみかん2個のみを日常的に消費する。基準となる年をt年とし、そのときのりんご1個の価格が200円、みかん1個の価格が50円だったとしよう。また、比較する年を$t+1$年とし、そのときのりんご1個の価格が100円、みかん1個の価格が25円だったとする。このときの$t+1$年の消費者物価指数を求めなさい。

3. 国民経済計算による各値が下の表に示されたような値であったとする。そのとき、以下の値を求めなさい。

民間最終消費支出	250	輸入	50
政府最終消費支出	80	海外からの所得の受取	10
国内総固定資本形成	120	海外への所得の支払	5
在庫品増加	−5	固定資本減耗	90
雇用者所得	240	間接税	30
輸出	60	補助金	10

(1)国内総生産(GDP)
(2)国内所得(DI)
(3)国民所得(NI)

第5章 経済成長と安定化政策

1 マクロ経済の需要と供給

　この章では、マクロ経済学の理論的な知識、特にGDPがどのように決定されるかという点や、景気循環および経済成長に対する経済政策のあり方について学ぶ。マクロ経済学では、一国全体の財・サービスの需要量と生産量をそれぞれ**総需要**、**総供給**と呼ぶ。これらの用語はそれぞれ、第4章で見た支出面のGDP、生産面のGDPに対応する理論的な概念である。このように、実体としては同様のものに対してそれぞれ2つの異なる呼び方があるということは、初学者にとっては混乱のもとであるかもしれない。

　経済学では、理論的概念と実証的概念の2つを区別することがしばしばある。理論的であるとは、「個々の現象を法則的、統一的に説明できるように道筋を立てて組み立てられた知識の体系」[1]に基づく様式、あるいはさまざまな仮定や理屈に基づいて世の中の事象を理解していこうとする分析の方針を指している。一方、実証的であるとは、「思考だけでなく、体験に基づく事実などによって結論づけられるさま」[2]、あるいは具体的な統計データやアンケート結果などを利用して、世の中の事象を理解していこうとする分析の方針を指している。同じ事象を理解しようとしていたにしても、どちらの視点から分析を進めていくかによって、その過程において生まれたある用語が含む意味合いには、多少の違いが生まれてくるはずである。この章では、上述したテーマに関して、総じて理論的な見地から学んでいくということを明らかにするために、以上のよ

うな用語の置き換えが生じたのだと理解してもらいたい。

● ──総需要・総供給と45度線モデル

総需要Y^Dは、以下のように定式化される。

$$Y^D = C + I + G + (EX - IM) \qquad (5-1)$$

これは第4章における支出面のGDPを表す式を書き改めたものである。ここでCは消費（Consumption）、Iは投資（Investment）、Gは政府支出（Government expenditure）、EXは輸出（Export）、IMは輸入（Import）をそれぞれ表している。$Y^D = Y^S$の需給均衡条件が成り立つとすれば、分配面のGDP（Y）と総供給（Y^S）が等しいことから、第4章とおおむね同様の三面等価関係が成り立つことになる。

$$Y^D = Y = Y^S \qquad (5-2)$$

以下では、GDPの決まり方について理解するために、**45度線モデル**と呼ばれる**ケインジアン**のマクロ経済モデルを見てみることにする。ケインジアンとは、イギリスの経済学者であるジョン・メイナード・ケインズが発案した経済学的思考様式を自らの学問的基盤としている経済学者の集まり、すなわち学派のことを指す。

マクロ経済学におけるもう一つの大きな学派としては、**新古典学派**がある。どちらも現実の経済をわかりやすくとらえていこうとする点では何ら変わりはないが、それぞれの理論から導かれる政策提言には、大きな相違がしばしば見られる。この違いの原因は、それぞれにおける現実の単純化の仕方が異なるところにある。経済学の目的は、極めて複雑な現実の経済社会をわかりやすくとらえることを通して、さまざまな問題に対する処方箋を導き出すことである。しかしながら、「わかりやすくする」ということは、「考慮しなくても良いと思

われることを除外して単純化する」ということでもある。現実の経済社会を考えるうえで、省略しても良いと思われる点は何か。絶対に考慮しなくてはならないと思われる点は何か。その判断の違いから、政策観の相違が発生するのである。

●——ケインジアンの消費関数

　45度線モデルを学ぶうえでの重要なポイントの一つは、消費関数の形状、すなわち、「消費Cはどのように決まるのか」を理解することである。人々は一般に労働の対価として所得を得るが、同時に各種の税金などを課される（所得税など）。所得から税金などを差し引いて残った**可処分所得**のなかから、人々はさまざまな財・サービスへの支出を行う。また、消費に回さなかった可処分所得は、貯蓄として将来へ向けて蓄えられる。このように家計は、日々の生活において、可処分所得を消費と貯蓄にどのように振り分けるかという選択の問題に直面している。いったん可処分所得が決定されたものとすれば、消費と貯蓄のいずれか一方を決めれば、もう片方も自動的に決定される。ケインジアンの消費関数は、こうした消費者の選択問題を単純化してとらえるものであるといえる。

　とはいえ、家計の消費行動を考えることは、実はそれほど簡単なものではないかもしれない。「消費」と一口に言っても、その内容はさまざまなはずだからである。例えば、食べるのが好きで食費に多くを割く人もいれば、食費を節約してでも、ブランド品の服飾品や高額な化粧品を購入しようとする人もいるだろう。しかしながら、そうした個人ごとの複雑な事情をくまなく考えることから始めようとすると、最終的に国全体としてのマクロ経済レベルの分析に到達するまでに考えなければならないことが、著しく多くなってしまう[*1]。

[*1] ただしここで述べておきたいのは、ここで言及した「個人ごとの複雑な事情」を経済学的に考察することや、そうした個人レベルの事象の積み重ねからマクロ経済分析を行うということは、どちらも決して不可能なことでもないということである。経済学では財・サービスの消費に伴う個人の満足度のことを効用と呼ぶが、財・サービスの違いと効用の関係に興味がある読者は、ミクロ経済学分野の知識を学ぶ第2・第3章に立ち返ってほしい。また、個人レベルの積み重ね（**ミクロ的基礎付け**）からマクロ経済分析を行う手法については、残念ながら本書の範囲を超える。こうした分析に興味がある読者は、終章で紹介されている参考文献を読み進めてみてほしい。

以上の背景から、ケインジアンの消費関数においては、家計それぞれの消費行動のあり方というミクロの問題というよりはむしろ、国内全体での消費の水準はどのように決定されるのかというマクロの消費行動の問題が想定されることになる。ケインジアンの消費関数は、一般的には以下のように表される。

$$C = c_0 + c_1 (Y - T) \qquad (5-3)$$

　ここでc_0は**独立消費**、c_1は**限界消費性向**と呼ばれるパラメータである。Tは租税（Tax）を表しており、したがってY－Tは可処分所得を意味していることになる。

　家計は可処分所得の範囲内で消費を行うわけであるが、貧しい家計と裕福な家計では、消費に回す金額に必然的に違いが出てくるはずである。しかしながら、例えばNHKの受信料などは、貧しいと裕福とにかかわらず、基本的には同じ料金を負担しなければならないはずである。独立消費はこうした考えを表すものであり、可処分所得の多寡にかかわらず決定される消費の額に対応している。

　また、家計は可処分所得を消費と貯蓄に振り分ける。限界消費性向とは、可処分所得が増加したとき、家計がその増加分をどれだけ消費に回すかという割合を表すものである。例えば$c_1 = 0.6$であったとすれば、可処分所得が100万円増加したとき、家計は60万円を消費に回し、残りの40万円を貯蓄に回すということになる。仮に借金による消費の前借りが存在しないとすれば、可処分所得の増加分に対して、それより大きい額の消費を行うことは不可能である。このことはすなわち、c_1は1よりも小さい値をとるパラメータであるということを意味している。

　図5－1は、縦軸をC、横軸をY－Tとして消費関数を表したものである。図を見てわかる通り、分配面のGDPが増えれば、消費も増えることになる。すなわち、GDPが高く、国民が裕福であると思われる国では、消費の水準も高くなる。その逆もまた然りである。

図5－1　消費関数

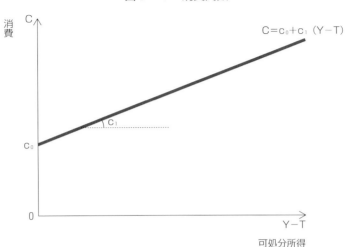

可処分所得

● ──均衡GDPの決まり方

　本節の締めくくりとして、最後に**均衡GDP**がどのように導出されるかを見てみよう。総需要を表す関係式に消費関数を代入すると、以下の関係式が得られる。

$$Y^D = c_0 + c_1(Y-T) + I + G + (EX-IM) = c_1 Y + (c_0 - c_1 T + I + G + EX - IM) \tag{5-4}$$

　ここでT、I、G、EX、IMはいずれもすでに何らかの値として定められているものとすれば、この関係式はつまるところ、Y^DとYに関する1次関数を示すものであることがわかる[*2]。縦軸をY^D、横軸をYとして上記の関係式を図示すれば、それは図5－2における傾きの緩やかな直線となる。

　また、生産面のGDPと分配面のGDPは一致することから、$Y^S = Y$が成り立

[*2]　式の形状としては、中学あるいは高校の数学で扱う「$y = ax + b$」と全く同じである。

図5-2 45度線モデルと均衡GDP、デフレギャップ

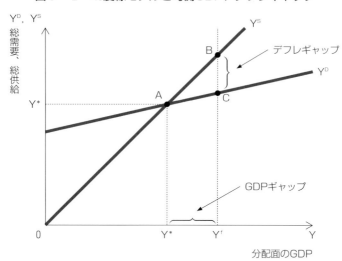

つ。縦軸をY^Sとしてこの関係式を図示すれば、それは原点を通り、傾きが1、すなわちその角度が45度である直線として表されることになる。これが「45度線モデル」という名前の由来である。さらに（5-2）式からY^D、Y、Y^Sは一致しているはずだが、図5-2においてこれが成立している点は明らかに点Aである。ここで成立しているGDP水準Y^*のことを均衡GDP、もしくは均衡国民所得という。c_1が1より小さい値であるならば、総需要を表す線と総供給を表す線は、必ずどこかで一回だけ交わることになる。すなわち、このとき均衡GDPは常にたった1つだけ存在する。$Y^D=Y$として（5-4）式をYについて解けば、均衡GDPを表す関係式が得られる。

$$Y^* = \frac{1}{1-c_1}(c_0 - c_1 T + I + G + EX - IM) \quad (5-5)$$

ところで、完全雇用が実現しているときに達成されるGDP水準のことを、完全雇用GDP水準という。実はここでのY^*は、完全雇用GDP水準Y^fと常に一致するとは限らない。仮に現在の経済の状態が$Y^*<Y^f$であったとすれば、

現在のGDP水準は、資本や労働力を完全に活用したときのGDP水準に及ばないことになる。資本や労働力を完全に活用していないということは、例えば工場の設備の一部が停止していたり、労働者が一時的な休暇を命じられていたりするということである。この背景には、「無理をして生産を行っても、商品が売れ残ってしまう」という企業の経営判断があるはずであろう。第2章で学んだ通り、財・サービスの供給が過剰であったとすれば、一般にその価格は下落する。したがって、この経済状況においては、今後の物価水準は下落していく傾向にあるものと考えられる。物価水準が継続的に下落（上昇）することを**デフレーション（インフレーション）**と呼ぶが、以上のことを踏まえ、こうした状況を指して「経済にはデフレギャップが存在する」という。これは図5－2において、点Bと点Cの距離として表現される。

これとは逆に、現在の経済の状態が$Y^* > Y^f$であったとすれば、それは「景気の拡大で商品が順調に売れるため、完全稼働状態を超えて生産を行っている」という状況に対応することになる。財・サービスに対する需要が過剰であったとすれば一般に価格は上昇することから、こうした状況を指して「経済にはインフレギャップが存在する」という。

2　経済成長と景気循環

マクロ経済学では、経済の動きを論じる際に、**経済成長**と**景気循環**という2つを分けて考えることがある。その違いを大まかにとらえるとすれば、経済成長とは、経済がどこかに向かって伸びていく（あるいは縮んでいく）方向を大雑把に表したもの、そして景気循環とは、周期的な波としての経済の浮き沈みとして表されるもの、といった理解になるだろう。これらをとらえるうえで特に重要なのが、GDPや景気指標の動きである。図5－3は、時間とともに変化するGDPの動きをイメージしたものである。

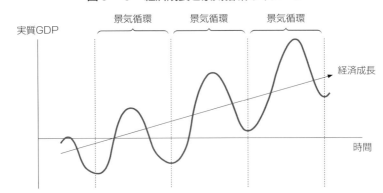

図5-3　経済成長と景気循環のイメージ

● ──景気循環をどうとらえるべきか

　ここで、日本の**実質GDP成長率**の推移を示した図5-4と、新卒大学生・大学院生の求人倍率を示した図5-5を見比べてみよう。なお、新卒大学生・大学院生の求人倍率とは、企業が出す求人総数を新卒大学生・大学院生における民間企業就職希望者数で除した数字であり、一人の新卒大学生・大学院生に対して平均してどの程度の就職先があるかということを表すものである。

　景気後退の兆候が見えた場合、一般に企業は需要低下に備えて生産規模を縮小しようと考えるはずである。このことは、工場設備の発注見送りや、大卒採用枠の縮小などにつながるはずである。過去の日本経済におけるこうした動きを示すものとしてわかりやすいのは、おおむね1990年以降、すなわちバブル崩壊後の局面であろう。1980年代後半において、約6％程度という高い水準を維持していた実質GDP成長率は、バブル崩壊後には1998年の－1.5％という水準まで大きく落ち込むこととなった。このときおおむね同様に、新卒大学生・大学院生の求人倍率は、1991年の2.86倍をピークとして、2000年には0.99倍まで大きく低下している。これはつまり、2000年度に卒業のタイミングを迎えた大学生・大学院生は、仮にまったく職種を選ばなかったとしても、平均して100人に1人は就職先が見つからなかったということを意味している。

第 5 章　経済成長と安定化政策

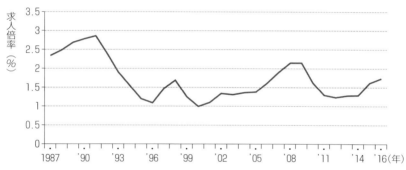

図 5 − 4　日本の実質GDP成長率の推移

出典：内閣府『平成27年度年次経済財政報告』をもとに作成

図 5 − 5　日本の大卒求人倍率の推移

出典：リクルートワークス研究所『大卒求人倍率調査』をもとに作成

　人は生まれる年を自分で選択することはできないし、大学の卒業年次を自分で選択することもまた、それほど簡単なことではない。景気の振幅に依存して就職活動の難易度に大きな格差が生じるならば、それはやはり不公平と言わざるを得ないだろう。振幅の大きな景気変動は、新卒大学生の就職活動状況のみならず、さまざまな経路を通して世代間の格差、不公平性を拡大させる可能性がある。このことを踏まえるとするならば、適切な政策介入によって、可能な限り景気の振幅を小さくすることが政府や中央銀行の努めだといえるのではないだろうか。

●──経済成長は必要か

　時に、経済成長やGDP成長重視の政策について広く疑問の声が上がることがある。例えば、2011年のブータン国王の来日によって注目を集めた国民総幸福量（GNH）という指標は、国民の豊かさはGDPのみによって決まるものではないという声を象徴するものといえよう。確かに現代社会は複雑である。少子高齢化や地域間格差、労働環境と労務災害、若者の心の健康といった現代社会におけるさまざまな問題は、経済成長、すなわち単純な金銭的豊かさのみで解決することは恐らく困難であるに違いない。

　しかしながら一方で、経済成長は、目に見える豊かさを実現することによって、そうした問題を多少なりとも解決していくための土台として欠かせないものだということも否定はできない。第4章で見た通り、生産面のGDPは分配面のGDPに一致する。このことは、国内で生産された付加価値の総額が、最終的に日本国内の誰かの取り分となるということを意味するものであった。この「取り分」のなかには、労働者の取り分、すなわちサラリーマンの給与などが含まれている。

　ここで仮に、分配面のGDPに占める雇用者報酬の割合とそれぞれの被雇用者に対する雇用者報酬の分配構造、そして、それぞれの企業における雇用者数が時間を通じて一定であったとしよう。この場合、GDPが2倍に増加したとすれば、労働者の所得は同じ比率で、すなわち2倍まで増加することになる。また、同じ条件のもとで、例えば20年間の間、毎年10%のGDP成長率が続いたとしよう。このときGDPは最終的に$1.1^{19}＝6.115909…$倍まで増加し、サラリーマンの所得も同じだけ増加することになる[*3]。例え話として、今、あなたの収入あるいはお小遣いが6倍になったことを想像してみてほしい。悩み事のほとんどは、どうでもよくなってしまいそうな気がしないだろうか。

　ただし、先に設定した3つの仮定が常に満たされるとは限らないという点には注意が必要である[*4]。企業が生み出した付加価値総額のうち、どれだけが

＊3　日本の高度経済成長期（1956年から1972年）における平均の実質GDP成長率は、おおむね10%程度である。

労働者に分配されたかについて割合で示したものを**労働分配率**といい、図5－6は日本の労働分配率の推移を示したものである。一般に日本の労働分配率は景気と反対方向へ動く傾向があるが、この値が景気の上昇局面において低下しているならば、労働者の取り分は景気の拡大ほどには増加していないことになる。したがって、このときサラリーマンが景気回復を肌で感じることはなかなか難しいかもしれない。また、雇用者報酬の分配構造が一定である保証もない。全体としてGDPが増加していたとしても、そのなかでは業績が大きく伸びた企業もあれば、むしろ業績が落ち込んだ企業も存在するはずである。前者の企業に所属するサラリーマンはGDP増加の影響を享受できるであろうが、後者ではそうではない。さらに、雇用者の数が増えれば、企業はより多くの従業員に対して給与を支給しなければならないわけであるから、一人当たりの取り分はむしろ減少する場合もあり得る。

　GDPと経済成長に関する現実問題として、以上のような問題があり、そしてまたGDPの計測手法自体に関する問題もある（第4章「GDPの問題点」を参照）。しかしその一方で、GDPと経済成長は、新卒大学生における求人倍率や分配面のGDPにおける雇用者報酬を通して、直接に自分の生活、すなわち

図5－6　日本の労働分配率の推移

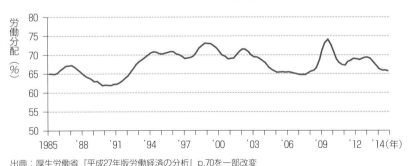

出典：厚生労働省『平成27年版労働経済の分析』p.70を一部改変

* 4　仮に名目GDPの推移を論じていたとすれば、以下の議論に加えて、物価水準の影響も無視できない。名目GDPが上昇し、給与が増加したとしても、日々の生活に必要な経費が増加すれば、生活は必ずしも楽にはならないからである。

所得に影響してくる可能性がある。経済成長は果たして必要なのかどうか、経済成長を重視する政府を私たちがどのように受け止めれば良いのかという問題は、日本が今後どのような方向を目指すべきかという問題に直結する。各自が真剣に考えるに値する問題であろう。

3 安定化政策

●——非自発的失業と総需要管理政策

すでに見た通り、現実のGDPは必ずしも完全雇用GDPに一致しない。これはすなわち、現実には必ずしも完全雇用は実現していないということを意味する。とりわけ、$Y^*＜Y^f$でデフレギャップが存在する経済のもとでは、景気の落ち込みに対して企業が生産を抑制する結果、働きたくても働くことのできない人が発生する。**非自発的失業**の発生である。政策当局が景気および国民の生活基盤の安定化を重視し、失業問題を解消しようとするのであれば、何らかの手段によって、現在のGDP水準を完全雇用GDP水準まで上昇させる必要がある。

不況あるいは景気の過熱を前にして、財政政策や金融政策を通した経済活動への働きかけによって総需要を適切に刺激あるいは抑制し、完全雇用GDP水準を達成しようとする政策当局のあり方を指して、**総需要管理政策**という。このような政策当局による総需要への働きかけの有効性という点こそが、ケインズ経済学の理論的支柱であるといえる。以下で、45度線モデルに基づく総需要管理政策、すなわち経済政策による景気の安定化政策の仕組みを見てみよう。

●——安定化政策（１）：政府と財政政策

財政政策とは、財政という手法を用いて実行される、政府による各種の政策のことを指す。代表的なものとして、財政規模の拡大による各種補助金の交付あるいは減税の実施といった**裁量的財政政策**が挙げられる。急激な景気の落ち込みへの対策として、消費を刺激することによって景気を回復させるというわけである。これを財政による経済変動の安定化機能という。

こうした裁量的財政政策の効果を、45度線モデルを用いて理論的に理解してみよう。（5－4）式に即して考えると、Gの増加は、Y^Dの増加をもたらす。在庫を持たない企業は、追加生産を行うことによって総需要の増加に応えようとするため、このとき総供給Y^Sが増加する。これは分配面のGDPの増加、すなわち可処分所得の増加を意味するため、（5－3）式における消費の増加を通して、総需要はさらに拡大していくことになる。以上の効果を図で理解するとすれば、総需要を表す直線の切片の増加によって、この直線が上方へ移動するということになる（図5－7）。このとき均衡GDPは増加する。適切にGを増加させれば、均衡GDPをY^fと一致させることも可能だろう。

また、（5－5）式を見ると、仮にGが1だけ増加したとすれば、そのときYは$\frac{1}{1-c}$だけ増加することがわかる。これを一般化して、ΔG[*5]の増加に対するGDPの増加分ΔYを（5－6）のように表すことができる。

図5－7　政府支出拡大による均衡GDPの増加

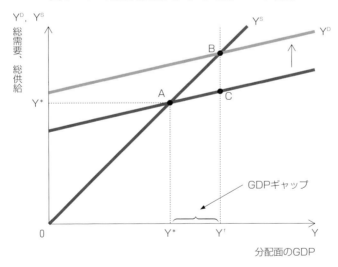

＊5　「Δ」は「デルタ」と読む。経済学では、ある変数の変化量を表す際、一般にこの文字を用いる。例えばGが10から25に変化したならば、その変化量は$\Delta G=25－10=15$となる。

$$\Delta Y = \frac{1}{1-c}\Delta G \qquad (5-6)$$

ここで$\frac{1}{1-c}$を**政府支出乗数**という。cが0と1の間の値をとる限り、政府支出乗数は必ず1よりも大きくなる。すなわち、政府によるGの拡大は、消費とGDPについての波及効果を生み出し、結果としてGの拡大よりも大きなYの拡大が達成される。こうした効果のことを**乗数効果**という。

なお、Y^fとY^*の差分のことを**GDPギャップ**という。ここで完全雇用GDPを達成しようとするならば、ちょうどGDPギャップの分だけのGDPの増加が必要となるが、このとき発生させる必要のある有効需要の増加分（Y^Dを表す線の移動距離）は、GDPギャップそれ自体よりも一般に小さくなる。これは乗数効果が存在するためである。

● ── 安定化政策（2）：中央銀行と金融政策

次に、金融政策について見てみよう。現代の先進国における金融政策では、**公開市場操作（オープン・マーケット・オペレーション）** を通した政策金利の調節が主な政策の手段となっている。公開市場操作とは、主に民間金融機関などの機関投資家が参加する公開市場において、中央銀行が国債などの各種の金融資産を売買することを指す。例えば、中央銀行が民間銀行から国債を買い入れることを**買いオペ（買いオペレーション）**、その逆に中央銀行が民間銀行に国債を売却することを**売りオペ（売りオペレーション）** という（図5－8）。

ここで国債とは、政府から見れば財源の不足を埋めるための「国の借金」である。しかし一方、国債を購入する側（投資家）から見ると、国債は一定の利息を生む金融商品である。したがって投資家は、自分の利益になる限り、進んで国債への投資を行うはずである。また、いったん発行された国債は、公開市場において機関投資家などによって自由に売買される。そこでは売る側・買う側の両者がそれぞれ注文を出し合い、条件が折り合えば取引が成立する。こうした取引のなかで国債の市場価格が決定されることになるわけだが、国債の市

第 5 章　経済成長と安定化政策

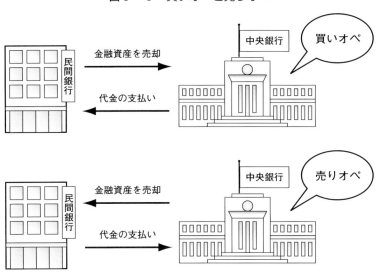

図 5 − 8　買いオペと売りオペ

場価格とその金利（利回り）には反比例の関係がある。

　以上のことを踏まえて、中央銀行による買いオペの影響を考えてみよう。中央銀行が国債の買い注文を入れるということは、国債への需要が発生することを意味する。一般に需要が供給を超過している財・サービスの価格は上昇するから、このとき国債の価格は上昇し、同時に金利（利回り）は低下する。国債の金利を指して安全資産金利というが、これが低下すると投資は増加し、結果としてGDPは上昇する。こうした金融政策を金融緩和という。一方、中央銀行による売りオペは全く正反対の効果を持ち、これを金融引き締めという。

　なお、金利の低下（上昇）と投資の増加（減少）の関係については、以下のように考えるとわかりやすい。今、表 5 − 1 に示される 3 つの投資プロジェクトがあったとする。プロジェクトはいずれも 1 年限りであり、収益率は表の通りである。とりわけ、Cの先進的な自動車は、じっくりと消費者への提案を繰り返していけば大きく売れる可能性があるものの、当面は大きな利益を生むことが難しいとしよう。

表5-1 自動車生産に関する投資プロジェクト

	プロジェクト	収益率
A	売れ筋のハイブリッド自動車の生産	10%
B	定番の従来型ガソリン自動車の生産	5%
C	これまでと異なる生活スタイルを提案する、先進的な自動車の生産	1%

　今、仮に国債の金利が年率6％であったとする。投資家が自分の利益のみを追求し、単純に投資の収益率にしか興味がないとすれば、この投資家は、まず最も収益率の高いAへの投資を行い、続いて次に収益率の高い国債へ投資を行うはずである。この場合、実行に移されるプロジェクトはAのみとなる。

　これに対して、金融政策によって金利が0.5％まで低下した状況を考えてみよう。この状況においては、Cの1％という収益率でさえ、その金利を上回ることになる。したがって、このときA、B、Cすべてのプロジェクトが実行に移され、投資家はなお余る資産については国債に投資するはずである。

　以上のように、金利が低下した場合、実行される投資プロジェクトは増加し、経済全体としての投資の額も増加することになる。このことを（5-5）式に即して考えれば、中央銀行による金融緩和（金融引き締め）は、投資Iの増加（減少）につながるということになる。これはGDPに関して、先に見たGの増加（減少）とまったく同じ効果を持つ。

● ── 総需要管理政策の落とし穴

　しかしながら、こうした総需要管理政策は現実的には必ずしも万能とはいえないということについては、十分な注意が必要である。（5-5）式を見て単純に考えれば、継続的な総需要管理政策、すなわち右辺に含まれるGやIなどの要素を単純に増加させ続けることによって、Yを継続的に上昇させることはさほど難しくないように思われる。しかし、そのような「うまい話」が本当に成り立つだろうか。

　例として、金融緩和や投資環境の整備などを通して国内の企業に投資を呼び

かけ、継続的にYを増加させることを考えてみよう。一口に投資と言っても、その内容はさまざまである。ここでは、今、政策によって急増した投資の中身が、実は僻地に立てられた豪華なマンションなどであったとしよう。マンションが建ってしまえば、建築会社は物件をデベロッパーに引き渡し、とりあえず利益を得ることができる。このとき建築会社が生み出した付加価値はGDPの上昇として計上されることになる。物件を販売するデベロッパーは、例えば投資目的でマンションを購入しようとする投資家等を見つけ、販売手数料を得る。投資家は物件への入居者を探し、それによって家賃収入を得ようとする。

しかしこのとき、僻地ゆえに誰も入居者がおらず、そこから家賃収入が得られないとすれば、そうした投資家は大きな損失を抱えることになるだろう。同時に、このマンションはその後の経済活動に何らつながらない、無駄な投資に終わってしまうだろう。

もう1つの例として、Gの増加を通して、政府が民間に代わって投資を行う場合を考えてみよう。残念ながらこれもまた、常に順風満帆とはいかない。本来は民間が行うはずであった投資の機会を政府が奪うことによって、民間の投資Iが代わりに減少してしまうことがあり得るからである。このとき、政府支出の拡大による現実のGDP上昇効果は、期待したほどではないかもしれない。こうした政府支出の拡大に伴う民間投資の減少を指して、**クラウディングアウト効果**という。

以上のような広い意味での総需要管理政策は、周期的な景気変動の波を小さくするという意味においては必ずしも否定されるべきものではない。ここで重要なのは、着実な経済成長を考えるうえでは、単純な総需要管理政策というよりはむしろ、別の要因に目を向ける必要があるということである。

4 経済成長の要因

それでは、安定的な経済成長を実現するためには、いったい何が必要となるのだろうか。それを考えるために、マクロ経済における総需要への刺激という

これまでの視点から、マクロ経済における総供給の拡大、すなわち生産能力の拡大という視点に目を向けてみよう。

●——経済成長と生産要素

　総供給は国内で生み出された付加価値の合計であるから、その規模は国内における企業の生産能力の大きさに強く関係しているはずである。そして企業がどれだけの生産を行うことができるかということは、生産の現場において、その企業が用いる各種の**生産要素**に強く依存しているはずである。したがって、総供給の継続的な拡大によって経済成長がもたらされるとするならば、経済成長の源泉とはすなわち、生産要素であるということになる。経済学では、特に3つの生産要素を重視する。

　第1に、労働力である。経済発展の過程においては、第1次産業（農林水産業）から第2次産業（製造業など）、そして第3次産業（サービス業など）という、より収益が高くなる産業への労働力の移動が一般に見られる（図5－9）。これを、**ペティ＝クラークの法則**という。

　とりわけ、高度経済成長期の日本においては、地方の農村における中学・高校を卒業したばかりの若年労働者たちが、夜行列車に乗って集団で関東や京阪神の工業地帯へ働きに行くという集団就職がしばしば見られた。生産性が低い産業から生産性が高い産業への労働力の移動、とりわけ新しい技術を学ぶ意欲を有する若年労働力の移動は、一般に高い経済成長を実現する原動力となる。

　第2に、**資本**である。工場、機械などの生産設備を資本というが、仮に資本が満足に整えられていなければ、労働力を十分に活用して、国内の需要に応えるために生産量を拡大することは困難となるだろう。資本を整備するためには、例えば企業が銀行などからの融資を受けて、資金を調達してくる必要がある。上記のような高度経済成長期における経済発展の背景には、日本における高い貯蓄率と、家計の貯蓄を資金不足部門、とりわけ鉄鋼業や自動車産業といった重厚長大産業へ効率的に振り分けるための金融システムがあった。

　最後に、技術水準である。例えば、1990年代半ば以降におけるパーソナルコ

第5章　経済成長と安定化政策

図 5 − 9　日本の産業別15歳以上就業者割合の推移

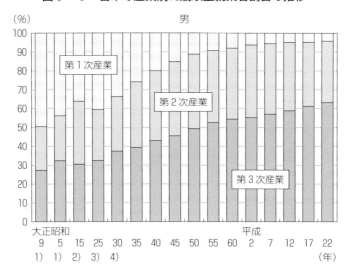

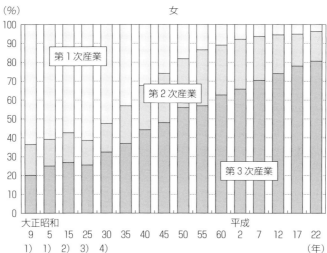

注：1 ）全年齢の有業者数。
　　2 ）韓国・朝鮮、台湾、樺太及び南洋群島以外の国籍の外国人を除く全年齢の「銃後人口」有業者数。
　　3 ）14歳以上就業者数。沖縄県の本土籍の日本人及び外国人を除く。
　　4 ）沖縄県は 5 ％抽出集計結果による14歳以上就業者数。
出典：総務省『平成22年国勢調査最終報告書』p.161を一部改変

ンピュータおよびインターネット環境の急速な普及、いわゆるIT革命を考えてみよう。IT革命によってわれわれは、紙媒体ではない電子ファイルによる書類作成を簡単に行うことが可能となった。このことは、手書きの書類作成と比較して、作業効率が著しく向上していることを意味する。また、電子メールや各種のSNS（ソーシャル・ネットワーキング・サービス）は、従来の手紙等と比較して、著しく迅速かつ低コストの情報伝達を実現した。こうした技術革新は、一般にビジネス環境の改善をもたらし、同じだけの労働および資本のもとで、より多くの生産物を生み出す助けとなる。

● ── 成長会計と潜在成長率

こうした経済成長の3要素を、現実の統計データから具体的に確認することは可能だろうか。生産量と3つの生産要素の関係をとらえるうえで、経済学では例えば以下の形状の生産関数を用いることがある。

$$Y = A \cdot K^{\alpha} \cdot L^{1-\alpha} \quad (0 < \alpha < 1) \quad (5-7)$$

ここでYは産出量、Kは資本ストック、Lは労働投入量である。Aは技術水準（あるいは全要素生産性）を表す。α、$1-\alpha$はそれぞれ資本分配率、労働分配率と呼ばれるパラメータである。詳細については省略するが、いくつかの手順を踏まえて、（5－7）式は以下のように変形できる。

$$\frac{\Delta Y}{Y} = \frac{\Delta A}{A} + \alpha \frac{\Delta K}{K} + (1-\alpha) \frac{\Delta L}{L} \quad (5-8)$$

ある変数の変化量（Δ付きの値）をその変数それ自体で除したものは、その変数についての成長率に対応している。すなわち、（5－8）式によれば、産出量の成長率（GDPの成長率）は、技術進歩率（技術水準の成長率）と資本ストックの成長率にαを乗じたもの、そして労働力の成長率に$1-\alpha$を乗じたものの3つの要因に分解することができるということになる。統計データに基

づけば、現実のGDP、資本ストック、労働投入量のそれぞれの成長率は容易に計算できる。これらの成長率を（5－8）式に当てはめれば、直接に統計データで確認することが困難である技術進歩率を計算することが可能になる。これが、**成長会計**とよばれる分析手法である。

　こうした成長会計の手法を応用し、短期的・瞬間的に実現する経済成長率ではなく中長期的に持続可能な経済成長率を試算してみたものを、**潜在成長率**という[*6]。1990年代初頭のバブル崩壊を境に、日本の潜在成長率は大きく低下していることがしばしば指摘されている。日本経済において3つの成長要因のどこに問題があるのかという点を突き止めるために、こうした分析手法は非常に有用である。

＊6　厳密にいえば、ここで紹介したものは「生産関数アプローチに基づく潜在成長率の推計」ということになる。潜在成長率の推計手法についてはほかにも異なる手法がいくつか考えられるがここでは省略する。

Column

ケインジアンと新古典派における政策観の違い

　ケインジアンと新古典派の学問的な考え方の違いは、そのまま政策観の違いへと直結する。最も分かりやすいものの一つは、家計に対する想定の違いだろう。標準的なケインジアンの消費関数が意味するところは、「家計は、今手元にある可処分所得の多寡に応じて消費水準を決める」ということである。これはある意味で、「家計は近視眼的である」とケインジアンが考えているということである。一方で新古典派は、「家計は生涯の所得全体を視野において現在の消費水準を決めている」と考える。これを**ライフサイクル仮説**というが、これはある意味で、「家計は大局的な視点を持っている」と新古典派が考えているということである。

　例として、1999年と2015年に政府が地方自治体を通して発行した、地域振興券あるいはプレミアム商品券による消費刺激の政策効果を考えてみよう。これらは一部の国民に漏れなく配布されたり、10％から20％程度の割り増し分を付けて販売されたりする。また、いずれも使用期限が設定され、発行された自治体において特定の商店などで利用できる。

　ケインジアンの近視眼的家計の想定に立てば、これらを受け取る（購入する）ことは可処分所得が増えることと同じであるから、家計は消費を増やし、結果としてGDPは増加する。一方、新古典派の大局的家計の想定に立てば、地域振興券あるいはプレミアム商品券の割増分の財源は、究極的には国民が納めた税金であり、仮に税収が不足するなかでそうした政策を実行しようとすれば、その財源は国の借金である国債で賄う必要があるはずである。当然、借金はいつか返済しなければならないから、政府はその返済のために、そう遠くない将来において増税によってその地域振興券あるいはプレミアム商品券の財源分を取り返すかもしれない。したがってこの政策は、実は「朝三暮四」であり、自分の可処分所得は増えていないかもしれない。こう考える大局的家計は消費を増やさず、結果としてGDPは変化しない可能性がある。このように、政策の効果に対する評価は、両者においてまったく正反対のものとなる。

演習問題

1. 総需要が$Y^D = C + I + G$、消費関数が$C = 80 + 0.7（Y - T）$で表される経済を考える。なお、ここでY、C、G、I、Tはそれぞれ分配面のGDP、消費、政府支出、投資、租税であり、この経済において貿易は行われていないため、EX＝IM＝0が成立しているものとする。I＝54、G＝10、T＝30として、以下の問いに答えなさい。
   (1) 政府支出乗数を求めなさい。
   (2) この経済の均衡GDPを求めなさい。
   (3) この経済の完全雇用GDPについて$Y^f = 460$であったとする。この経済にはインフレギャップとデフレギャップのどちらが生じているか答えなさい。
   (4) 完全雇用GDPを達成するために必要な政府支出の変化分を求めなさい。

2. 以下の選択肢のなかから、正しい記述を一つ選びなさい。
   (1) 限界消費性向が0.2であるとすれば、家計は200万円の可処分所得の増加に対して、40万円の貯蓄を行うことになる。
   (2) 中央銀行が民間金融機関から国債を買い入れた場合、金利が上昇するために投資は抑制されることになる。これを金融引き締めという。
   (3) 45度線モデルにおいては、政府が総需要管理政策によって完全雇用GDPを達成することは不可能である。
   (4) 大卒求人倍率が低いということは、就職活動における大学生同士の競争倍率が低いということであり、就活生にとって望ましい。
   (5) 経済成長の要因は、資本ストック、労働投入量、技術水準の大きく3つに分解される。

第6章 ゲーム理論入門

1 ゲーム理論

●──ゲーム理論とは

　社会・経済において、人々は自らの利害が他者の行動に影響を受ける場面にしばしば直面する。例えば、市場で同じ商品を販売しているライバル企業が販売価格の引き下げを検討しているとき、もう一方の企業はどのように行動すべきであろうか。自らも同じように価格の引き下げを行えば、価格差の拡大によりライバル企業に顧客を奪われることはないかもしれないが、利潤を維持するためにはより多くの商品を販売しなければならない。一方で価格を維持すれば、自らの顧客が価格を引き下げたライバル企業に奪われてしまう可能性がある。したがって、このような状況では、企業はライバル企業がどのような価格設定を行うのかを予測しながら、自社の価格設定について考えることが必要となる。

　上記の例のように、複数の主体が相互に依存し合いながら自らの目的に従って意思決定を行う状況のことを、**ゲーム的状況**という。このような状況では、意思決定主体は相手の立場に立って相手の行動を推測し、それを踏まえたうえで自分の行動を決めることが重要となる。時に相手を出し抜いたり、相手に合わせたりするなど、いわば**駆け引き**をしながら自分にとって最も良い結果が得られるような意思決定を行う。

　本章で取り扱う**ゲーム理論**とは、人々がこのような駆け引きを要するゲーム的状況に直面したときの意思決定について分析するための理論である。

ゲーム理論の分析の対象となる状況は、上記のような経済活動に関することに限らず、じゃんけんやチェスなどのゲーム、スポーツ、政党の分裂・連立政権の形成、国家間のさまざまな交渉、制度や慣習の形成の過程に至るまで、事例は多岐にわたる。したがって経済学だけではなく、経営学や政治学、法学、社会学などの他の社会科学や、心理学、生物学、工学などさまざまな学問分野でもゲーム理論に関連した研究が行われている。

本章では、特に経済学とのかかわりを意識しながら、ゲーム理論の基本的な考え方について紹介していくこととする。

●──経済学とゲーム理論

ゲーム理論は、数学者ジョン・フォン・ノイマンと経済学者オスカー・モルゲンシュテルンの共同研究の成果として、1944年に出版された共著『ゲームの理論と経済行動』によって世に広く知られるようになった。以降、多くの研究者によって研究が進められ、近年では数々の研究者がゲーム理論の関連でノーベル経済学賞を受賞するまでになった。

現在、ゲーム理論は経済学の基本的な分析手法として多くの分野で用いられている。前述の通り、経済学が分析の対象とする社会・経済の活動を考える際には、他の経済主体と相互に影響し合いながら行動を選択する場面に頻繁に直面する。ある企業の行動がライバル企業の収益に大きく影響を与えるような企業間競争や、買い手と売り手が相互に影響を与えながら意思決定を行うオークションなど、ゲーム的状況の典型ともいえる事例も数多く、これらの状況の分析にはゲーム理論が応用されている。あわせて近年では、情報や契約、制度、慣習など、経済学が研究対象として扱う領域も広範囲にわたるようになってきている。このような学問領域の広がりのなかで、経済学においてゲーム理論は一つの共通言語としての役割を果たすまでになったといえる。

●──非協力ゲームと協力ゲーム

ゲーム理論の学問体系は、対象とするゲーム的状況の特徴に応じてさまざ

な分類が行われている。**非協力ゲーム**と**協力ゲーム**はその一つである。

　まず非協力ゲームとは、意思決定主体がそれぞれ独自に意思決定を行う状況を扱い、それぞれの意思決定主体がどのような行動を選択するか、その結果どのような状況となるのかなどについて考える理論である。

　もう一つは協力ゲームで、意思決定主体同士の話し合い、共同行動を考慮したうえで形成されるグループ、いわゆる提携を前提とし、どのような提携が形成されるか、提携が形成されたときの利得の大きさおよびその利得の分配の方法などについて考える理論である。

　現在、一般的に「ゲーム理論」という場合には、前者の非協力ゲームを指すことが多い。本章でも以降では基本的に非協力ゲームを取り扱う。

　また他の分類として、非協力ゲームにおいて、意思決定主体の目的、戦略、利得、意思決定の手順等、ゲームに関するすべての情報を参加する意思決定主体すべてが知っているゲームのことを**完備情報ゲーム**、そうでないゲームのことを**不完備情報ゲーム**という。本章で取り上げるゲームは完備情報ゲームが主であるが、オークションやシグナリング、契約など、社会・経済においては不完備情報ゲームとして取り扱うべき事例も数多く見られる。

●──戦略形ゲーム

　ゲームの表現方法も、ゲーム的状況の違いに応じていくつか挙げられる。非協力ゲームにおける代表的な表現方法の一つが**戦略形表現**である。戦略形表現では、ゲーム的状況を、①意思決定主体、ゲームの参加者を示す「**プレイヤー**」、②各プレイヤーの行動の選択肢を示す「**戦略**」と、③各プレイヤーの行動の結果に対するそれぞれの評価値である「**利得**」の3つの要素に分けて表現される。

　ここで、次のようなゲームを例に、ゲームの戦略形表現を説明する。

例6-1　男女の争い

　今、一郎と花子という恋人同士の2人が仕事終わりにデートをしようと思っている。その選択肢としては、お互いの好きなサッカー観戦かオペラ鑑賞のい

ずれかであることは事前に決めている。しかし、どちらに行くかに関しては結論が出ておらず、さらに仕事中には連絡を取ることができないので、それぞれ相手の判断を知ることなく別々に選択して行動しなければならない状況であるとする。一郎としては応援するチームのサッカーの試合を見に行きたいが、花子としては大好きなストーリーのオペラを見に行きたいと思っている。ただし、2人が最優先に考えているのは、仕事の後を別々に過ごすよりも一緒にいた方がより望ましいということである。

　この状況は、2人が互いに影響を与えながら意思決定を行っているのでゲーム的状況といえる。そこでこの状況を戦略形ゲームとして表すと次の通りになる。まず、プレイヤーは一郎と花子の2人で、2人の戦略はそれぞれ"サッカー"の観戦（以下"サッカー"とする）と"オペラ"鑑賞（以下"オペラ"とする）の2つである。また一郎の利得は、好きなサッカーを一緒に観戦することになった場合は2、オペラを一緒に鑑賞することになった場合は1、別々に過ごすことになった場合はサッカー、オペラいずれの場合も0とする。一方花子の利得は、好きなオペラを一緒に鑑賞することになった場合は2、サッカーを一緒に観戦することとなった場合は1、別々に過ごすことになった場合は0とする。

　特に、このゲームのようにプレイヤーが2人で、戦略が有限個の場合、**利得行列（利得表）**の形で表現することが可能である。そこで、このゲームを利得行列で表すと表6－1の通りとなる。

　この表では、縦に一郎の戦略、横に花子の戦略を並べ、行列の各要素には行と列に対応する戦略をそれぞれのプレイヤーがとったときの利得を左から一郎、花子の順に並べて書き表している。

表6－1　利得行列で表した男女の争いゲーム

一郎＼花子	サッカー	オペラ
サッカー	2、1	0、0
オペラ	0、0	1、2

●──戦略と均衡

　ところで、ゲーム理論では、各プレイヤーの行動の結果は**戦略の組**として表現される。この戦略の組のことを**均衡**という。

　なかでも最も代表的な均衡概念の一つが**ナッシュ均衡**である。ナッシュ均衡とは、各プレイヤーの選択した戦略の組が、お互いにとって相手の戦略を与えられたものとしたときに、最も自らの利得を大きくできる戦略となっている戦略の組のことである。

　例6－1の男女の争いを用いてナッシュ均衡を考えてみよう。まず、一郎が「花子は"オペラ"を選ぶ」と予想する。このとき、一郎は"サッカー"を選んだときの利得0よりも"オペラ"を選んだときの利得1の方が利得は大きくなるので、この場合一郎は"オペラ"を選択する。また、「花子は"サッカー"を選ぶ」と予想した場合も同様に考えると、一郎はより利得の大きくなる"サッカー"を選ぶ。一方花子についても、「一郎は"オペラ"を選ぶ」と予想した場合は"オペラ"を、「一郎が"サッカー"を選ぶ」と予想した場合は"サッカー"を選ぶ。このように相手のある戦略のもとで自らの利得を最大にする戦略のことを、与えられた戦略に対する**最適反応（戦略）**という。

　ここで、一郎が"オペラ"を選択し、花子が"オペラ"を選択するという戦略の組は、両プレイヤーのそれぞれの戦略において、どちらも相手の戦略が与えられたもとでそれに対して自らの利得を最大にする戦略となっている。したがって、2人が（"オペラ"、"オペラ"）を選択するという戦略の組は、お互いのとる戦略に対しての最適反応戦略になっているので、この戦略の組はナッシュ均衡である。なお、2人が（"サッカー"、"サッカー"）を選択するという戦略の組もナッシュ均衡となるので、このゲームの場合、ナッシュ均衡は2つ存在するということになる。

　ところで、ナッシュ均衡においては、各プレイヤーは他のプレイヤーのとる戦略を一定としたときに、もうこれ以上自らの利得を高めることができるような他の戦略を持ち合わせていない状態となっている。例えば、ナッシュ均衡の一つである（"オペラ"、"オペラ"）という戦略の組では、仮に一郎だけ（も

くは花子だけ）が"サッカー"に戦略を変更しても、利得を高めることができない。もう一つのナッシュ均衡（"サッカー"、"サッカー"）についても同様のことがいえる。したがって、ナッシュ均衡においては、すべてのプレイヤーにとって、自分だけ戦略を変更したとしても利得を高めることができないため、戦略を自ら積極的に変更する動機を持たないということがわかる。

2　囚人のジレンマゲーム

●──「囚人のジレンマ」

　ゲーム理論のなかで最も有名なゲームの一つに「**囚人のジレンマ**」ゲームがある。このゲームは、1950年に、アメリカのランド研究所で2人ゲームの実験のために考案されたゲームで、後に数学者のアルバート・タッカーがストーリーをつけて報告したことで広く知られることとなった。そこで本節では、この「囚人のジレンマ」ゲームの特徴について詳しく見ていく。

例6－2　「囚人のジレンマ」ゲーム

　ある事件（以下「拳銃の不法所持」とする）で2人組の容疑者（A、Bとする）が現行犯で逮捕され、取り調べを受けることとなった。この事件に関しては、現行犯で逮捕したこともあり、取り調べをしている検事も十分に起訴できる状況にある。しかしながら、容疑者A、Bはさらに別件で重大な犯罪（以下「銀行強盗」とする）を犯しており、この事件についても共犯の容疑がかけられている。ただし、銀行強盗事件について取り調べを行う検事は、犯罪を立証できるだけの証拠を現時点では持ち合わせておらず、容疑者の自白が必要であった。そこで、検事は容疑者A、Bを相談などができないようにそれぞれ別々の取調室に入れ、個別に取り調べを行った。その際両容疑者には次のような説明を行った。

　まず容疑者A、Bには、「銀行強盗」について"自白"、もしくは"黙秘"の2通りの選択を行うことができることを告げた。そのうえで、もし、①2人と

も"黙秘"を通せば、「銀行強盗」については嫌疑不十分で罪に問われず、「拳銃の不法所持」のみで罪に問われ、ともに懲役2年の刑（利得－2）に服することになる、②2人とも"自白"すれば、「銀行強盗」の罪も立証され、"自白"したことを考慮されたうえで、ともに懲役7年の刑（利得－7）に服することになる、③どちらか一方だけが"自白"し、もう一方が"黙秘"した場合、"自白"した容疑者は刑が軽減され、懲役1年の刑（利得－1）に、"黙秘"した容疑者はさらに重い刑、懲役13年（利得－13）に服することになると伝えた。

このときA、B両容疑者は、"自白""黙秘"という2つの選択肢に直面し、連絡することも相談することもできない相手の選択次第で自らの利得（つまり刑期の長さ）が決まるというゲーム的状況にある。そこで両容疑者は、それぞれ「自らの刑期をできる限り短くする」という目的のもと、与えられた"自白"もしくは"黙秘"のいずれかを選ぶことになる。

この状況を戦略形ゲームとして表現すると以下の通りになる。まず、このゲームのプレイヤーは、容疑者AおよびBの2人で、各プレイヤーの戦略はともに"自白"および"黙秘"となる。さらにこのときの2人の利得を利得行列で表すと、表6－2の通りとなる。

表6－2　利得行列で表した「囚人のジレンマ」ゲーム

A \ B	黙秘	自白
黙秘	－2、－2	－13、－1
自白	－1、－13	－7、－7

●——「囚人のジレンマ」ゲームのナッシュ均衡

「囚人のジレンマ」ゲームのナッシュ均衡は次のように考えることができる。容疑者Aにとっては、容疑者Bが"黙秘"を選択すると予想した場合、自らは"黙秘"を選択すれば懲役2年（利得－2）、"自白"を選択すれば懲役1年の刑（利得－1）に服することになるので、刑期を短くするという自らの目的に

かなう"自白"を選択することが最適反応となる。また、容疑者Bが"自白"を選択すると予想した場合には、容疑者Aの最適反応は"自白"ということになる。さらに容疑者Bの最適反応は、容疑者Aが"黙秘"の場合には"自白"、容疑者Aが"自白"の場合には"自白"ということになる。したがって、「囚人のジレンマ」ゲームのナッシュ均衡は（"自白"、"自白"）ということになる。

● ─── 「囚人のジレンマ」ゲームの特徴

「囚人のジレンマ」ゲームの大きな特徴は、各プレイヤーがお互いに自分の利得を最大にしようと行動した結果、それぞれにとってもっと良い状態があるにもかかわらず、それよりも悪い状態に陥ってしまうという点にある。

上記のゲームでも、両容疑者は相手を裏切ればより刑期を短くでき、その誘惑に駆られて"自白"を選んでしまうため、約束を守ってともに"黙秘"を選んだ方が刑期を短くできるにもかかわらず、お互いにとって悪い結果に陥ってしまう。

一般にこのような特徴を持つゲームでは、2人のプレイヤーがそれぞれ"協調"と"裏切り"という2つの戦略を持ち、利得行列は表6-3のようになる。

ただし、$c > a > d > b$である[*1]。前述の「囚人のジレンマ」では"協調"が"黙秘"、"裏切り"が"自白"に対応している。

表6-3 利得行列で表した一般的な「囚人のジレンマ」型ゲーム

A \ B	協調	裏切り
協調	a、a	b、c
裏切り	c、b	d、d

[*1] ここでは1回限りのゲームを想定しているが、もしこのゲームを繰り返し行うことまで考えた場合、プレイヤーAが"協調"、プレイヤーBが"裏切り"をとる状態と、Aが"裏切り"、Bが"協調"をとる状態を交互に繰り返した場合の1回当たりの平均の利得が、（"協調"、"協調"）をとる場合よりも大きくならない、すなわち$a > (b + c) / 2$という条件が加えられる。詳しくは武藤[2001] p.36参照。

ここで、プレイヤー個々にとっては"裏切り"を選択することが自らの利得を最大にするいわば個人にとって合理的な戦略であり、戦略"裏切り"はいわば個人合理的な戦略と考えることができる。一方、両プレイヤーがともに戦略"協調"を選ぶことで合意できれば、("裏切り"、"裏切り")という個人合理的な戦略の組、つまりナッシュ均衡戦略のときよりも利得を増やすことができるので、戦略"協調"はいわば集団（社会）合理的な戦略といえる。「囚人のジレンマ」型ゲームでは、個人合理的な戦略と集団合理的な戦略が異なるために、プレイヤーはより利得の高い戦略があるにもかかわらず、それを選択しないという意思決定におけるジレンマを抱えることになってしまうのである。

● ── さまざまな社会的ジレンマ

表6-3のような利得の構造を持つ現実のゲーム的状況の事例は、枚挙にいとまがない。なかでも有名な事例の一つが、1968年にギャレット・ハーディンが科学雑誌サイエンスで発表した「**共有地の悲劇**」である。

「共有地の悲劇」は、人々が限られた資源を共有しているとき、それを利用する個々人が独立にかつ合理的に行動した場合、全体として共有資源が適正なレベル以上に利用され、共有している資源が枯渇し維持できなくなるというもので、特に環境汚染などの説明のときに用いられるモデルである。例えば、村人誰もが自由に放牧できる放牧地において、村人が自分の家畜のことだけを考えて自由に放牧すれば、やがて牧草地の草は食べつくされ再生不能となり、結局は村民全体が被害を受けることになってしまう。

上記の例以外にも、2国間の軍備拡張競争、水や電力の浪費、交通混雑、公共財のただ乗り、環境汚染問題なども「囚人のジレンマ」と同じ特徴を持つ。このように、社会のなかで個人合理的な行動と集団（社会）合理的な行動が一致していない状況で、プレイヤーの意思決定におけるジレンマが生じる状況のことを**社会的ジレンマ**という。

3 経済活動におけるゲームの例1：企業間競争

●——企業間競争とゲーム理論

　経済学が分析の対象とする社会・経済の活動においても、さまざまな事例をゲーム的状況としてとらえることができる。特に市場での企業の活動は、ゲーム理論を用いて説明されることも多い。例えば市場で競合する企業の数が少ない、いわゆる寡占の状況では、完全競争の場合とは異なり各企業の行動が他の企業の利潤に影響を与える。そこで、以下では2つの企業が市場で競合している状況を、ゲーム理論を通して考えていくこととする。

例6－3　家電量販店の販売競争

　2つの家電量販店（家電量販店1、家電量販店2）が同じテレビを販売している。それぞれの家電量販店は別々にテレビの販売量を決定し、その販売価格は両者の販売量の合計に依存して決まるとする。このとき、各家電量販店は自らの利潤を最大にするためにそれぞれどのような販売量を選択するべきであろうか。

　この状況を戦略形表現に基づいてゲームとして整理すると、プレイヤーは家電量販店1および家電量販店2、各プレイヤーの戦略はテレビの販売量、利得は各家電量販店の利潤ということになる。ここで、わかりやすくするために両者の戦略であるテレビの販売量を30の場合と40の場合の2種類に限定して考える。販売価格は、①ともに"販売量30"のとき（市場全体で60）には価格＝60、②ともに"販売量40"のとき（市場全体で80）には価格＝40、③一方が"販売量30"、もう一方が"販売量40"を選んだとき（市場全体で70）には価格＝50とする。これを用いて利潤（＝価格×販売量）を求めると、表6－4の利得行列で表すことができる。

　表の利得行列から各家電量販店の最適反応を求めると、家電量販店1においては、家電量販店2が"販売量30"を選択した場合の自身の最適反応戦略は"販

第6章　ゲーム理論入門

表6−4　利得行列で表した家電量販店の販売競争

1 \ 2	販売量30	販売量40
販売量30	1,800、1,800	1,500、2,000
販売量40	2,000、1,500	1,600、1,600

売量40"、家電量販店2が"販売量40"を選択した場合の自身の最適反応戦略は"販売量40"となる。家電量販店2の最適反応戦略についても同様に考えることができる。したがってこのゲームのナッシュ均衡は両者の最適反応戦略の組である（"販売量40"、"販売量40"）、つまり、ともに"販売量40"という戦略を選ぶことになる。

　ところで利得行列を見ると、家電量販店1および2にとっては、もし両者が話し合いをしてともに販売量を40ではなく30とすることで合意ができれば、両者ともにナッシュ均衡のときより高い1,800という利潤を獲得することができた。しかしながらその合意のもとでは、もし相手を出し抜いて自分だけ販売量を40にすることができれば、利潤を2,000まで増やすことができる。したがって、利益増大のインセンティブ（誘因）に駆られた一方の家電量販店は販売量を40に変更しようとするので、そのことが予測できるもう一方の家電量販店も販売量を同様に40に変更してしまう。その結果、家電量販店1、2ともに"販売量40"を選ぶというナッシュ均衡戦略に落ち着き、利潤はともに1,600となる。

●──「囚人のジレンマ」との類似点

　上記の例のように、2人のプレイヤーがお互いに自分の利得を最大にしようと行動した結果、2人にとってもっと良い状態があるにもかかわらず、それよりも悪い状態に陥ってしまう点は、前節の「囚人のジレンマ」ゲームの特徴と同様である。例6−3の家電量販店の販売競争では"協調"が"販売量30"、"裏切り"が"販売量40"にそれぞれ対応していると考えられる。このとき、2人のプレイヤーが自分の利得最大化を目指し行動したとすれば、結果として（"裏切り"、"裏切り"）という状態になる。しかしながら、（"協調"、"協調"）のと

きに比べて利得を減らすことになり、両プレイヤーとも悪い状態となってしまっている[*2]。

● クールノー複占競争

例6－3のゲームのように、戦略変数を販売量（生産量）とする企業の複占競争モデルのことを、**クールノー複占競争**という。また、このときの均衡解はともに最適反応戦略であるというナッシュ均衡の性質を持っているので、**クールノー・ナッシュ均衡**と呼ばれる。

4　経済活動におけるゲームの例２：チェーンストアゲーム

● 意思決定が逐次に行われるゲーム

これまで紹介したゲームでは、各プレイヤーはじゃんけんのように相手のプレイヤーの選択を知らずに自らの戦略を選択するというルールであった。しかし、チェスや将棋などのゲームのように、各プレイヤーが順番に相手の選択を見た（知った）うえで自らの選択を行うというルールのゲームもある。実際の社会・経済における事例でも、相手の行動を見たうえで自らの対応を考えるという場面は少なくない。例えば企業間の価格競争では、一方の企業がどのような価格設定を行ったかをしっかりと見極め、それに呼応する形でもう一方の企業が後追いで価格設定を行う場合も考えられる。そこで本節では、このように意思決定が逐次に行われる場合など、プレイヤーの行動について時間の経過を考慮するゲームについて考えることとする。

● 展開形表現とゲームの木

前節までで用いた戦略形表現では、①ゲームのプレイヤー（の数）、②各プレイヤーの選択できる戦略、③戦略ごとの各プレイヤーが受け取る利得、の3

[*2]　利得も「囚人のジレンマ」ゲームの条件（ｃ＞ａ＞ｄ＞ｂ）を満たしている。

つによってゲームを表現した。しかしながら、特に意思決定が逐次に行われる場合や、ここでは取り上げていないが、ゲームが繰り返し行われる場合などを考えるときには、時間の経過によって起こる新たな問題についても考慮する必要がある。

このようなゲームに用いられるのが**展開形表現**である。ゲームについて、①ゲームのプレイヤー、②各プレイヤーがそれぞれ行動を選択する順番、③順番が回ってきたときに各プレイヤーの選択できる行動、④そのときに各プレイヤーが知っている情報(行動の履歴など)、⑤各プレイヤーが自らの順番で選択したすべての行動の組み合わせごとに受け取る利得、を指定することで表現する。

展開形ゲームの記述法として一般的に用いられる形式が、**ゲームの木(ゲーム・ツリー)** である。これは、ゲームの行動決定の状況を樹形図の形を用いて表現するもので、行動の決定が行われる場所を**節**、行動決定の場での選択肢を**枝**で表し、各プレイヤーがいつどのような順番で行動を行うのか、またそれ以前の各プレイヤーの行動についてどの程度の情報を持って行動を行うのかなどを明らかにできるので、このようなゲームの特徴である時間の経過にかかわる問題を考えるうえで有効である。

● ――チェーンストアゲーム

それでは実際に、ゲームの木を用いて意思決定が交互に行われるようなゲームについて考えてみる。ここで例として、企業の新規市場への参入についてのゲームを取り上げる。

例6−4　チェーンストアゲーム

ある地域において、地元スーパーが独占的に操業しているところに、全国展開している大手スーパーが新規に参入することを検討している状況を考える。大手スーパーの参入の手順は次のように進められるとする。最初に、大手スーパーが"参入する"か"参入しない"を選択する。大手スーパーが"参入しない"を選択したときには、ゲームはそこで終了し、大手スーパーの利得は0、地元

スーパーの利得は5となる。次に地元スーパーは、大手スーパーの行動（選択）を**観察**したうえで、"共存"か"排除"を選択する。このとき、地元スーパーが対抗策をとらず"共存"を選んだときには、参入に成功した大手スーパーの利得は2、参入を許した地元スーパーの利得は独占時より減って2、地元スーパーが費用をかけて対抗策をとり、"排除"する、を選んだときには、参入に失敗した大手スーパーの利得は－1、参入を阻止した地元スーパーの利得は0となる。

　これをゲームの木を用いて展開形で表現すると、図6－1のようになる。

　図6－1では、各スーパーの意思決定を行う節（**決定節**）およびゲームが終了する節（**終節**）を黒点で、それぞれの黒点から伸びる枝で各スーパーの選択する行動を表している。各スーパーの選択する行動は、最初の決定節の大手スーパーが"参入しない"、"参入する"の2つ、地元スーパーは大手スーパーが"参入する"を選択したときの右下の決定節で"共存""排除"の2つとなる。大手スーパーが"参入しない"を選択した場合にはゲームは終了する。また、利得については、終節の下に記しており、左が大手スーパーの利得、右が地元スーパーの利得となる。

　なお、図中の円は、各スーパーがその節において、ゲームのそれ以前のプレイの結果について何を知り、何を知らないのかということを示している。この

図6－1　ゲームの木で表したチェーンストアゲーム

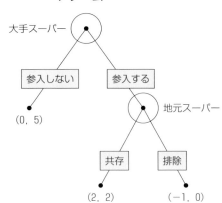

円のことを**情報集合**＊3という。例えば、右下の円で示した情報集合には決定節が一つしか含まれていないが、これは地元スーパーが自らの行動を決定する時点で大手スーパーが選んだ行動を観察可能であるということを示している。

●——信憑性のない脅し

ところで、上記のゲームを戦略形で表すことも可能である。そこでこのゲームを利得行列で表すと表6－5の通りとなる。

なお、例6－4のように逐次に意思決定を行うゲームでは、戦略は単にゲームの木の各情報集合における選択肢のことを示すのではなく、各プレイヤーが直面するすべての行動決定の場においてとり得る行動を反映していなければならない。したがって、表6－5の利得行列で表す地元スーパーの戦略については、大手スーパーが仮に"参入する"を選んだ場合に、図6－1の右下の情報集合で地元スーパーが選ぶ"共存"もしくは"排除"を表している。なお、大手スーパーが"参入しない"を選択した場合には、地元スーパーが左下の情報集合でどちらの行動を選択しても両者の利得は（0、5）で同じとなる。

表6－5より、大手スーパーの最適反応は、地元スーパーが"共存"のときには"参入する"、"排除"のときには"参入しない"となり、一方地元スーパーの最適反応は、大手スーパーが"参入しない"のときには"共存"、"排除"の両方、"参入する"のときには"共存"、ということになる。したがって、この

表6－5　利得行列で表したチェーンストアゲーム

大手　＼　地元	共存	排除
参入しない	0、5	0、5
参入する	2、2	－1、0

＊3　本節のゲームでは情報集合には1つの決定節しか含まれていないので、各プレイヤーはその前に意思決定を行ったプレイヤーがどのような行動を行ったかということを完全に知っている、と考えて良い。しかし、情報集合は複数の決定節を含むこともある。そのような場合には、その前に意思決定を行ったプレイヤーの行動が完全にはわからないことを示し、プレイヤーはゲームの木のなかで自らが現在同じ情報集合に含まれる決定節のうち、どこにいるのかということがわからない状況で意思決定を行うと考える。

ゲームのナッシュ均衡は、("参入する"、"共存")と、("参入しない"、"排除")の2つとなる。なお、後者の("参入しない"、"排除")という戦略の組は、大手スーパーは"参入しない"を、地元スーパーは大手スーパーが仮に"参入する"を選んだ場合には"排除"を選ぶということを意味する。

　ところで、この2つのナッシュ均衡のうち、("参入しない"、"排除")について考えてみると、地元スーパーが大手スーパーに対して「もし参入すれば自らの利潤を犠牲にして（利得0）でも対抗策をとりますよ」と脅しをかけていると解釈することができる。しかしながら、この脅しの実行はあまり現実的ではない。というのも、もし大手スーパーが実際に参入してきた場合には、地元スーパーが利得2を得られる"共存"をあえて選ばず、利得0となる"排除"を選ぶということは、自らの利得を最大にするという目的とは合致しない。したがって、このような合理的ではない行動をとることによる脅しは信用できないという意味で、**信憑性のない脅し**と呼ばれる。

●──後ろ向き推論法

　これまでの説明から、逐次に意思決定が行われるゲームにおいては、ナッシュ均衡のなかに信憑性のない脅しのような必ずしも妥当とはいえないものが含まれる場合があることがわかる。そこで、改めてこのようなゲームにおいて各プレイヤーはどのような推論のもとにゲームをプレイしているのかということを、図6-2を用いて考えてみる。

　大手スーパーは、地元スーパーがその後どのような行動をとるかということを想定したうえで参入するか否かを決めるはずである。そこで、大手スーパーが仮に"参入する"と決めたときに、地元スーパーがどのような行動をするかということを考えてみると、地元スーパーは右下の決定節で自らの利得が高くなる"共存"を選ぶはずである。したがって、大手スーパーは"参入する"という選択を行えば、地元スーパーは必ず"共存"を選択するということがわかるので、"参入する"を選べば、利得は2、参入しなければ利得は0ということになり、結果として大手スーパーは"参入する"を選択し、地元スーパーは

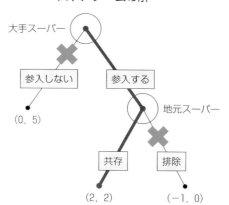

図6-2 後ろ向き推論法を用いたチェーンストアゲームの解

それに対して"共存"を選ぶという、ナッシュ均衡の一つである（"参入する"、"共存"）という結果がゲームの解として導かれる。このように時間の経過を考慮するゲームにおいて、最後方の節（手番）から順に前にさかのぼりながら各プレイヤーの最適反応を探っていく方法を**後ろ向き推論法**という。なお、後ろ向き推論法によれば、もう一つのナッシュ均衡（"参入しない"、"排除"）は、左下の決定節において地元スーパーが"共存"を選ぶので、その時点で排除され、ゲームの解とはならない。

●――部分ゲーム完全均衡

前項の結果をもう少し厳密に考えるために、新たな概念として部分ゲームと部分ゲーム完全均衡について説明する。

まず部分ゲームとは、決定節を1つしか含まない情報集合から始まり、すべての情報集合を分断することなく、それ以降のすべての決定節およびゲームの終了する節を含んでもとのゲームから切り離した新たなゲームのことをいう。なお、ゲーム全体も部分ゲームとする。例えば、例6-4のゲームの木である図6-3では、部分ゲーム（図中の点線）は右下の情報集合以下の部分ゲームとゲーム全体の2つである。また、例6-1の男女の争いをゲームの木で表し

図6-3 チェーンストアゲームの部分ゲーム（部分ゲームは2つ）

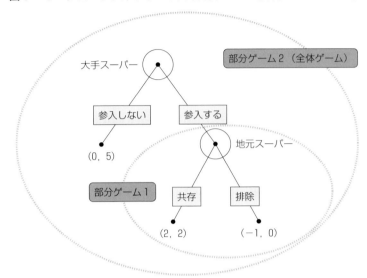

た図6-4では、花子は一郎のとる戦略を知らない。したがって下の情報集合には花子の2つの決定節が含まれることになり分断することができないので、部分ゲームはゲーム全体の一つだけということになる。

　つまり前項の考え方は、全体のゲームの一部分である部分ゲームを独立したゲームとして取り出し、全体のゲームと関連させて考えるものである。

　そして、全体のゲームのナッシュ均衡について、そのプレイヤーの戦略がどの部分ゲームにおいてもナッシュ均衡となっているとき、その戦略の組のことを**部分ゲーム完全均衡**という。

　一般に部分ゲーム完全均衡は、後ろ向き推論法を拡張することで求めることができる。まず、もとのゲームの終節を含む最小の部分ゲームをすべて挙げることから始める。次にそれぞれの部分ゲームにおけるナッシュ均衡を求め、そこでのナッシュ均衡（のいずれか）の利得で置き換えることで、その部分ゲームの始まりの節を全体のゲームの縮約版の終節と見なす。このプロセスを繰り返し、ゲームの最後からさかのぼれば、プレイヤーの戦略はすべての部分ゲーム

第6章　ゲーム理論入門

図6−4　男女の争いゲームの部分ゲーム（部分ゲームは1つ）

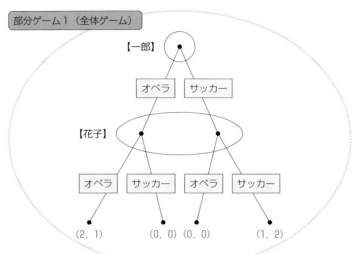

図6−5　チェーンストアゲームの縮約ゲームと部分ゲーム完全均衡

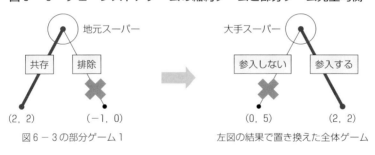

のナッシュ均衡となっているので、その戦略の組が部分ゲーム完全均衡となる。
　例えば、例6−4では、最小単位の部分ゲームは地元スーパーの決定節を含む右下の情報集合から始まる部分ゲームとなり、このゲームでは地元スーパーの"共存"がナッシュ均衡戦略となり（図6−5左）、その結果で置き換えたゲーム（図6−5右）では、大手スーパーの"参入する"がナッシュ均衡となるので、元のゲームにおけるナッシュ均衡戦略（"参入"、"共存"）は部分ゲーム完全均衡となる。

Column

オークションとゲーム理論

　ゲーム理論の代表的な応用分野として挙げられるのがオークションである。近年、特にインターネットオークションの普及により、広く知られることとなったが、古くはローマ帝国の時代から、さまざまな財の取引に用いられている取引様式である。売り手と買い手が競りによる値付けを通じて価格と買い手を決めるオークションはゲーム的状況の典型であり、多くの経済学者、ゲーム理論研究者によって研究が進められている。

　ここでゲーム理論によってオークションを考えてみよう。まずオークションは、理論的には以下の4つの方法に分類される。

　①競り上げ型オークション（イングリッシュオークション）
　②競り下げ型オークション（ダッチオークション）
　③1位価格オークション
　④2位価格オークション

　なお、①、②は参加者が一堂に会する形の公開型オークション、③、④は競り値を伏せて行う封入型オークションである。

　次に、各プレイヤーの行動について考える。買い手は、出品された財を獲得すべく競り値を入札することでオークションに参加するが、オークションの結果（その財を落札できるか否か）およびその利得は、他の買い手の入札行動に依存して決まる。その買い手の最適行動は、オークションの方法によって異なる。例えば、Yahoo！などで行われている自動入札方式のインターネットオークションの形によく似ているとされる「2位価格オークション」での買い手の最適戦略は、自らの財の評価額をそのまま入札することである。

　例えば、ある絵が2位価格オークションにかけられていて、買い手Aがその絵に1万円の評価をしているとする。このとき、買い手Aは評価額1万円ではなく、1万円以上の入札額Xを入札したとすると、自分以外の最高入札額が、①1万円以下の場合、②X以上の場合は、1万円と入札したときと結果は変わらないが、③1万円より大きくXより小さい場合には、その絵を落札できる一方、支払額が自らの評価額1万円を越えてしまうために損失が発生し、合理的な行動とはなら

ない。また、1万円より低い入札額を提示しても落札する確率を減らしてしまうだけであり、合理的ではない。したがって、買い手Aは評価額1万円をそのまま入札することが最適戦略となる。

　一方、売り手にとってはオークションからの収入を最大にすることを目的として、どのようにオークションをデザインすれば良いかを考えることになるが、実は理論的には、一定の条件を満たした場合、上記の4つのオークションであればどれを採用しても売り手の収入は等しくなる（収入等価定理）。というのも、オークションのルールが異なれば、買い手の最適戦略も異なるからである。

　オークションは現実の社会・経済においても強い関心が寄せられている。その理由として、基本的なルールである「最も高く財を評価した人が財を手に入れることができる」という点にあり、市場に準ずる効率的な資源配分を実現するための取引制度として期待されている。近年、特に公的部門における新たな資源配分の方法として、携帯電話の周波数割り当て、温室効果ガスの排出権取引、空港の発着枠などさまざまな分野でオークション方式の導入の検討が行われている。

演習問題

1. ある夫婦が部屋掃除の分担について話し合いをする場面について考える。夫婦は共働きで、ともに休みの日に掃除はしたくないが、部屋がきれいにならないのは困るため、この件について話し合いをすることになった。この話し合いの結果、夫婦がお互いに"掃除を行う"、夫婦がともに"掃除を行わない"、どちらか一方が"掃除を行う"、もう一方は"掃除を行わない"という4つの状況が考えられる。このとき、もし掃除が行われず部屋がきれいにならなければ両者の便益は0、掃除が行われてきれいになれば両者の便益は4となる。ただし、掃除を行うことの費用については、1人で掃除を行ったときには疲弊の度合いが大きいので3(その場合、参加しなかった方の費用は0)、2人で協力して掃除した場合には両者に2の費用がかかるとする。なお、この話し合いについては必ずしも合意を求めるものでなく、一度限り、双方が同時に自らの主張を行い、その結果がそのまま話し合いの結論となると考える。そこで、この状況について戦略形表現に基づき利得行列を作成し、それを用いてこのゲームのナッシュ均衡を求めなさい。

2. 事例6-1の男女の争いゲームのルールを、花子が先に選択を行い、一郎はその選択を知ったうえで自らの行動を選択するという形に変更したとき(レディファーストゲーム)、ゲームの帰結はどのように変化するか、ゲームの木を用いて説明しなさい。

3. 事例6-3について、戦略変数である販売量を連続の値とし、また次のように逆需要関数が与えられているとき、クールノー・ナッシュ均衡は、$q_1 = q_2 = 40$となることを計算によって求めなさい。なお費用は0として考えること。
   逆需要関数:$p = 120 - Q$、$Q = q_1 + q_2$
   ※この問題は難易度が高いので解答の説明を見ながら学習してもよい。

第7章 日本経済の歩み

1 はじめに

　経済学は現実の経済を読み解くための強力なツールとなる。しかし、経済理論をマスターしたからといって、現実の経済が理解できるようになるかというと話はそう簡単ではない。

　一方で、私たちは、経済学の知識が実際に使われてこそ、その真価が発揮されるのだということも知らなければならない。理論を理解することと同じくらい、それをどう使うのかを考えることも大切である。調理方法は知っていても、料理を作ってみなければその楽しさを知ることはできない。実際に何度も料理を作っているうちにコツをつかみ、その料理のおいしさが増していくこともあるだろう。これと同じことである。

　このように、経済学を学ぶ際には、現実の経済に目を向けることも忘れてはならない。経済学は現実の経済との対話によって初めて生きた知識となるのである。そこで、本章では、高校で学習した「政治・経済」の内容を踏まえて、第2次世界大戦後に日本経済がどのように発展してきたかを見ていく。

　図7－1には、戦後日本の経済成長率を示している。また、表7－1は戦後日本の景気循環を整理したものである。日本は1991年以降、「失われた20年」といわれる低成長の時期を過ごしてきた。この時期の平均経済成長率は0.8％である。しかし、振り返ると日本は戦後、高度経済成長という急速な経済発展を遂げ、それは「東洋の奇跡（Japanese miracle）」と諸外国から称賛された。

図7-1 戦後日本の経済成長率（年度）

出典：内閣府「国民経済計算」をもとに作成

　高度成長期の平均経済成長率は実に9.3％であり、当時日本経済は近年急成長した中国に匹敵するペースで成長していたわけである。その後の安定成長期においても平均4.4％の経済成長率を保ち、経済危機に対しても技術革新によって乗り越えてきたのが日本経済である。しかし、現在は長らく続く停滞のなかにある。どうすれば日本経済はこの停滞から抜け出すことができるのだろうか。この問題はまさに経済学が答えを出さなければならない課題でもある。

　本章の構成は以下の通りである。第2節では、日本経済がいかに戦後復興を成し遂げたかを説明する。第3節では、高度経済成長期について説明する。第4節では、高度経済成長の後に、日本経済が直面したニクソン・ショックやオイル・ショックをいかに切り抜けたかを説明する。第5節では、貿易摩擦の後に発生したバブル経済について述べ、第6節では、バブルの崩壊とその後の日本経済について解説する。第7節では、今後の日本経済について展望する。

第 7 章　日本経済の歩み

表 7 － 1　戦後日本の景気循環

	谷	山	谷	期間			拡張期の名称
				拡張	後退	全期間	
第 1 循環		1951年 6 月	1951年10月		4 ヶ月		朝鮮特需
第 2 循環	1951年10月	1954年 1 月	1954年11月	27ヶ月	10ヶ月	37ヶ月	投資・消費景気
第 3 循環	1954年11月	1957年 6 月	1958年 6 月	31ヶ月	12ヶ月	43ヶ月	神武景気
第 4 循環	1958年 6 月	1961年12月	1962年10月	42ヶ月	10ヶ月	52ヶ月	岩戸景気
第 5 循環	1962年10月	1964年10月	1965年10月	24ヶ月	12ヶ月	36ヶ月	オリンピック景気
第 6 循環	1965年10月	1970年 7 月	1971年12月	57ヶ月	17ヶ月	74ヶ月	いざなぎ景気
第 7 循環	1971年12月	1973年11月	1975年 3 月	23ヶ月	16ヶ月	39ヶ月	列島改造ブーム
第 8 循環	1975年 3 月	1977年 1 月	1977年10月	22ヶ月	9 ヶ月	31ヶ月	安定成長景気
第 9 循環	1977年10月	1980年 2 月	1983年 2 月	28ヶ月	36ヶ月	64ヶ月	公共投資景気
第10循環	1983年 2 月	1985年 6 月	1986年11月	28ヶ月	17ヶ月	45ヶ月	ハイテク景気
第11循環	1986年11月	1991年 2 月	1993年10月	51ヶ月	32ヶ月	83ヶ月	平成景気（バブル景気）
第12循環	1993年10月	1997年 5 月	1999年 1 月	43ヶ月	20ヶ月	63ヶ月	さざ波景気
第13循環	1999年 1 月	2000年11月	2002年 1 月	22ヶ月	14ヶ月	36ヶ月	IT景気
第14循環	2002年 1 月	2008年 2 月	2009年 3 月	73ヶ月	13ヶ月	86ヶ月	いざなみ景気
第 2 ～14循環までの平均				36ヶ月	17ヶ月	53ヶ月	

出典：小峰隆夫・村田啓子『最新日本経済入門　第 4 版』日本評論社　p.48を参考に作成

2　戦後復興期

　1945年、第 2 次世界大戦において日本は敗戦した。敗戦によって日本は、兵士と一般市民を合わせて約270万人ともいわれる死亡者を出し、建造物の 4 分の 1 を失ったとされる。失われた建造物のなかには、生産のために用いられる工場などの生産関連の資本や、国民生活を支える道路などの生活関連の資本があった。これらがともに失われたことで、日本の生産力が弱まり、国民生活の水準が低下したことは容易に想像できるだろう。また、戦中は戦争を行うための政府による軍事需要が日本の経済を支えていた。こうした軍事需要がなく

なったことも、日本の生産水準を低下させる要因となった。

　戦後日本の課題は、こうした状況からいかに経済を復興させるかにあった。そのため、政府は**傾斜生産方式**という手法を用いた。傾斜生産方式とは、日本経済の生産力を回復させるため、石炭や鉄鋼などの経済をけん引する力となる基幹産業に、限られた資源を重点に投入する政策である。そのための資金は、1947年に設立された復興金融金庫という公的金融機関の発行する債券を日本銀行が引き受けることにより調達された。その資金を融資することにより、基幹産業における設備投資や原材料の購入を促したのである。

　しかし、こうした資金調達は市中に出回る貨幣量を増加させる。日本は戦中もこれと同様に、日本銀行の国債引き受けにより戦費を調達していた。貨幣量が増えることは、物価が継続的に上昇していくインフレーション（インフレ）を引き起こす。傾斜生産方式は、弱まった生産力を回復させる一定の効果はあったが、激しいインフレを引き起こしてしまったのである。人々の所得水準が低く、物資の不足していた戦後直後の混乱期にあって、インフレの発生は人々の生活をますます苦しくさせるものであった。こうしたインフレに対して、当時、日本を占領していた連合国軍総司令部（GHQ）は、1949年に経済顧問ドッジによる**ドッジ・ライン**と呼ばれる政策を実施した。また、同年、アメリカから来日したシャウプ税制使節団が行った、いわゆる**シャウプ勧告**は、**累進課税制度**や**地方交付税制度**など、現在の租税制度と地方財政制度の基礎を築いた。

　ドッジ・ラインでは、インフレを抑制するために、復興金融金庫を廃止するとともに、増税と歳出削減を図り均衡予算を実施した。均衡予算とは、国債を発行せず、税収で歳出を賄うことをいう。通常、歳出が税収を上回るとき、不足する財源を補うために国債が発行されるが、国債が発行され、それが市中で購入されると、その分だけ市中に出回る貨幣量が増加し、インフレが悪化する。均衡予算はこれを防ぐ狙いがあった。さらに、ドッジ・ラインでは、当時の経済状況では円高となる１ドル＝360円という単一為替レートの制定も行われた。これは、輸入品の価格を低下させることによってインフレを抑制する役割を果たしていた。

ドッジ・ラインにより日本経済はインフレを克服した。しかしその後、**安定恐慌**と呼ばれるデフレーション（デフレ）に直面することとなる。デフレとは、物価が継続的に下落していく現象であり、インフレとは真逆の現象である。デフレは、企業の収益を悪化させ、それが国民の所得を減少させる。国民の所得の減少は需要の減少につながり、企業の収益をさらに減少させるという悪循環をもたらす。

このような状況のなか、1950年に朝鮮戦争が勃発し、アメリカからの軍事需要が日本に向けられた。これにより、日本経済はデフレを克服し、**朝鮮特需**と呼ばれる好景気となった。1951年には鉱工業生産が戦前の水準に回復した。

3 高度経済成長

日本は、朝鮮戦争に伴う特需を契機として、一気に経済復興を進めていく。設備投資は自律的に増加し始め、消費も堅調であった。この背景には、GHQにより行われた財閥解体、農地改革、労働関係の民主化（これらを経済の民主化という）によって、労働者の所得水準が上昇したことがある。耐久消費財への需要も高まり、冷蔵庫、洗濯機、白黒テレビが「**三種の神器**」と呼ばれた。1956年の経済白書には「もはや戦後ではない」との表現が登場するなど、1956年から1972年までの間、日本経済は**高度経済成長**と呼ばれる急速な経済発展を遂げることとなる。この間の実質経済成長率は年率約10%であった。

高度経済成長期の前半は、**神武景気**（1954年から1957年）、**岩戸景気**（1958年から1961年）、**オリンピック景気**（1962年から1964年）という3つの好景気からなる。

神武景気は、朝鮮特需後の設備投資主導による好景気である。その後の経済成長の源泉となる臨海工業地帯（太平洋ベルト地帯）への設備投資が活発に行われた。続く岩戸景気は、池田内閣の「**国民所得倍増計画**」を背景とし、神武景気を上回る好景気となり、「投資が投資を呼ぶ」といわれた。このような企業の旺盛な投資を支える資金は、もっぱらメインバンクと呼ばれる主要取引銀

行からの融資によって賄(まかな)われた。「国民所得倍増計画」は、10年間で国民所得を2倍にするという夢のような計画であったが、わずか7年でこれを達成した。当時の日本経済がいかに好調であったかがわかるだろう。

　オリンピック景気は、東京オリンピックの開催に伴う公共投資による好景気である。東京オリンピックを開催するためには、さまざまな社会資本を整備する必要があった。社会資本を整備するための投資を公共投資という。東海道新幹線（東京～新大阪間）や首都高速道路はこの時期に整備された。東京オリンピックの開催は、日本の戦後復興と経済発展を国外に印象付けることとなった。

　このように順風満帆な日本経済であったが課題もあった。それは「国際収支の天井」と呼ばれるものである。当時の日本製品は国際競争力が弱く、日本の輸出は少なかった。今でこそ「Made in Japan」は高品質の製品であると世界中の人々から思われるだろうが、当時はどちらかというと質よりも安価であることを売りにしていたのである。そのため、好景気となり、国内需要とともに輸入が増えると、輸出額から輸入額を差し引いた国際収支は赤字となり、外貨不足（主にドル）となった。輸入するためには外貨が必要であるが、この外貨不足に対応するために、政府はやむを得ず景気を引き締めなければならなかった。このように、好景気が国際収支の赤字によって制約されることを「**国際収支の天井**」といった。

　しかし、高度成長期の後半になると、技術革新によって国際競争力が高まり、輸出が増大した。これにより「国際収支の天井」がなくなった。その後、日本経済は国内需要のみならず、輸出も国内の景気を支える重要な要素となっていく。その結果、1965年から1970年までという長期にわたり、**いざなぎ景気**と呼ばれた好景気が続き、1968年には日本はついに世界第2位のGNPを有する経済大国となった。このころにはさらに労働者の所得水準も上昇し、カラーテレビ、クーラー、自動車という「**新三種の神器**」と呼ばれる耐久消費財への需要が高まった。

　なお、高度経済成長は良い面だけではなかった。重化学工業化による公害や都市の過密現象といった問題が起こったことも忘れてはならない。

4 高度経済成長の終焉と経済危機

　1970年代に入り、日本経済は試練を迎える。最初の試練は、1971年に起こった**ニクソン・ショック**である。当時の世界経済は、金との交換が保証されたドルを基軸として、各国の通貨の交換比率（為替レート）を決定する**ブレトンウッズ体制**のもとにあったが、アメリカのニクソン大統領は金とドルの交換停止を打ち出したのである。これによって、1ドル＝360円であった為替レートは1ドル＝308円へと切り下げられ、さらに、1973年には市場で為替レートを決定する変動相場制に移行し、1ドル＝279円となった。これは急激な円高ドル安を意味する。

　円高ドル安が進むと、日本からの輸出品は海外からみて割高になるため、日本からの輸出が減少する。高度成長期の後半、日本経済は技術革新によって輸出が増大し、「国際収支の天井」が外れたことは前節で述べた。日本経済としては、輸出の影響度が増すなかで、円高の進行を何とか食い止めたいところである。そこで、政府と日本銀行は、円を売ってドルを買う為替市場への介入を行った。為替市場において、円の供給量が増えてドルの供給量が減れば、円安ドル高に向かうことが期待される。為替市場への介入はこれを狙ったものである。また、輸出の減少は日本で生産される財・サービスへの需要の減少を意味し、景気の低迷につながる。これに対して政府は1971年と1972年に大型の景気対策を行っている。具体的には、公共事業の増大と所得税の減税が実施された。また、日本銀行は**公定歩合**を引き下げ、金融緩和策をとった。ここで、公定歩合とは、日本銀行が市中銀行に貸し出しを行う場合の利子率であり、これを引き下げることにより、市中銀行への貸し出しが増加する。こうした政策によって景気は下支えされたが、一方で、この政策は通貨供給量を増やし、インフレを招くものでもあった。

　さらに、1972年に首相となった田中角栄は、高度経済成長の恩恵を公共事業によって全国に行き渡らせるという「**日本列島改造論**」を唱えていた。これに

よって「日本列島改造ブーム」と呼ばれる土地への投機が盛んに行われ、地価が高騰することとなる。

　こうした物価上昇の傾向が強まるなか、追い打ちをかけるように、1973年に第4次中東戦争が勃発し、原油価格が大幅に上昇する。これを**第1次オイル・ショック**という。これが1970年代に入って日本経済が直面した第2の試練である。第1次オイル・ショックにより日本は**狂乱物価**と呼ばれるインフレに陥り、金融・財政両面でインフレの抑制策が実施された。その結果、景気は一気に低迷し、1973年に高度経済成長は終わりを迎える。1974年には、実質経済成長率マイナス1.4％となり、戦後初めてのマイナス成長を記録することとなった。なお、この時期、日本経済は不況であるにもかかわらず、インフレが進むという、それまでに見られなかった特殊な状況となった。不況下でインフレが進むことを**スタグフレーション**というが、この現象は第1次オイル・ショックによってもたらされたものであり、1970年代の先進国に共通して見られた。

　こうした第1次オイル・ショック後の不況に対し、日本経済は産業構造を転換していく。それまでの労働・資本集約的な重厚長大型の産業から、石油に依存しない省資源・省エネルギーで知識集約的な軽薄短小型の産業への転換が図られた。さらに、鉄鋼などの素材産業から自動車、家電、電子機器などの加工組立産業への転換も図られた。1979年に第3の試練となる**第2次オイル・ショック**が発生し、再び原油価格が大幅に上昇したが、産業構造の転換を図り、国際競争力を高めていた日本経済は、インフレを招くことなく、いち早くこれを乗り切ることができた。

5　貿易摩擦とバブル経済

　日本経済は、高度経済成長後も年4％前後という水準で安定的な経済成長を続けた。これは、産業構造の転換によって国際競争力を高め、ニクソン・ショックとオイル・ショックという経済危機を乗り越えることができたからにほかならない。しかし、日本の国際競争力が高いということは、外国製品よりも日本

製品がよく売れることを意味し、この時期、日本は諸外国との間で経済的あるいは政治的な摩擦を起こした。これを**貿易摩擦**という。日本は1981年にアメリカからの圧力によって自動車輸出の自主規制を行うなど貿易摩擦の改善に努めたが、アメリカのドル高政策もあり、摩擦は改善されなかった。

こうした貿易摩擦に対して、1985年、ニューヨーク市プラザホテルにおいて、アメリカ、イギリス、フランス、ドイツ、日本（G5）による先進5か国財務相・中央銀行総裁会議が行われた。この結果、各国が協調して為替レートをドル安に誘導していくこととなった。これを**プラザ合意**という。

ドル安はアメリカから見れば、輸出品の価格が下がることとなり、輸出の増加につながる。一方、日本から見れば、ドル安は円高を意味するため、輸出品の価格が上がり、輸出の減少と結びつく。アメリカでは貿易赤字が減少し、国内の景気が回復することになるが、日本ではこれと逆のことが起こる。

日本政府は、1986年、「**前川レポート**」を発表し、プラザ合意後の円高から輸出産業を救済するために、内需（国内需要）主導型経済への転換とともに、海外への工場移転を促進した。工場を海外に移転すれば、日本国内からではなく、移転先の海外から輸出することとなるため、円高の影響を受けない。これによって日本企業の海外進出は増えたが、国内産業が弱体化してしまう産業の空洞化が懸念された。

プラザ合意後、日本経済は輸出の落ち込みによる不況を避けることはできなかった。この不況を**円高不況**という。しかし、日本政府は、財政再建のなかにあり、公共事業や減税による積極的な財政政策を行うことはできず、もっぱら日本銀行の金融政策による景気対策が行われた。具体的には、日本銀行は公定歩合を戦後最低の2.5％まで引き下げる超低金利政策を行った。これによって、日本経済は円高不況を乗り切るとともに、輸入が増加して、貿易摩擦の原因となった日本の貿易黒字が減少した。

しかし、急激な金融緩和は、情報化、金融の国際化などのなかで東京都心部におけるオフィスビル需要が増加したこととあいまって、1986年から1991年にわたる**バブル経済**を引き起こした。バブル経済は**平成景気**とも呼ばれるが、金

融緩和によって増加した貨幣が土地や株式に向かい、地価や株価が実体を上回る水準にまで高騰する資産インフレであった。1985年初めから1989年末までの間に地価は東京圏商業地の公示価格で2.9倍になり、株価は日経平均で3.4倍となった。こうした地価や株価の高騰は、土地や株式の売買により利益を得る投機を活発にするとともに、資産所有者の担保能力を高め、金融機関からの貸し出しを増やした。これにより、消費や投資は拡大し、景気は過熱していった。

　こうした景気の過熱状態に対して、日本銀行は1989年から1990年までの短期間に、超低金利政策によって2.5％となっていた公定歩合を段階的に6％まで引き上げた。また政府は、地価の高騰を抑えるため、金融機関の土地関連融資についての量的規制を行った。この結果、地価、株価は暴落し、景気は悪化した。これを**バブル崩壊**という。

6　バブル経済の崩壊と失われた20年

　バブル崩壊は日本経済に大きな打撃をもたらした。地価、株価が暴落したことによって、企業倒産が相次ぎ、銀行はバブル期に行った融資が回収できなくなり、不良債権となっていった。また、バブル崩壊によって、バブル期に日本経済全体で購入された土地や株式などの資産が総額で約1,000兆円も値下がりした。バブル期の資産インフレは一転して資産価値が下落していく**資産デフレ**となったのである。これにより、消費や投資が伸び悩んだ。このような資産価値の下落が経済に与える効果は**逆資産効果**と呼ばれる。

　バブル崩壊後の不況は、**平成不況**と呼ばれる。平成不況は1991年3月から1993年10月まで続き、1993年度には経済成長率がマイナス成長を記録することとなる。この不況の特徴は、バブル経済時に蓄えた設備、雇用が過剰となる一方で、債務だけが残ったことにある。これら債務、設備、雇用という3つの過剰による不況を宮崎義一は「**複合不況**」と名付けた。

　しかし、日本企業は事業の再構築、いわゆるリストラによって、過剰債務、過剰設備、過剰雇用を解消して収益を改善させた。その結果、1993年末にはさ

ざ波景気と呼ばれる景気回復の過程に入った。日本政府はバブル崩壊後、何度も経済対策を行ったため、巨額の財政赤字を抱えることになった。その削減を目指して**財政構造改革**を進めたことにより、1997年には、消費税引き上げ、医療負担増加、所得税減税廃止によって約9兆円の国民負担の増加となった。その結果、さざ波景気は後退局面に入り、財政構造改革は1年半あまりで頓挫した。

また、同年、アジア通貨危機も発生し、景気の低迷に追い打ちをかけた。この景気の後退局面は1999年まで続き、**第2次平成不況**と呼ばれる。このように日本経済はバブル崩壊後、ほぼ10年にわたり本格的な景気回復を見ないまま時間が経過した。この間の経済成長率は1％に満たず、まさにゼロ成長の時代を日本経済は過ごしたことになる。これを「**失われた10年**」ということがある。この期間は日本債券信用銀行、北海道拓殖銀行、山一證券といった大手金融機関が相次いで倒産したことに象徴されるように、それまでの日本経済を支えた金融システムも変革を迫られることになり、これ以降、金融機関の合併が進むこととなった。

2001年には小泉政権が誕生した。小泉政権ではそれまでの財政・金融政策による需要サイドの政策から、規制緩和・構造改革路線といった供給サイドの政策を中心に据えた。これにより、道路関係四公団の民営化や郵政民営化が行われた。その一方で、公共投資が削減されたことにより、公共投資への依存度が高かった地方経済は大きな打撃を受け、地域間格差が問題となった。

2009年には、子ども手当や農家の戸別所得補償といった政策を公約に掲げた民主党政権が誕生した。しかし、財政問題に直面し、事業仕分けによって財源調達を試みるということも行われたが、あまり効果は得られなかった。

この間、日本経済は、1999年1月から2000年11月までの**IT景気**、戦後最長となる2002年1月から2008年2月までの**いざなみ景気**を経験したものの、デフレ基調は拭い去れず、「失われた10年」は「**失われた20年**」と呼ばれるに至った。雇用面においては「**日本的経営**」と呼ばれた、終身雇用、年功賃金といった形態は大きく変化し、非正規雇用者数と割合が拡大していき、現在に至っている。

特にいざなみ景気が後退局面に入るきっかけとなった**リーマン・ショック**は、日本経済に長く悪影響をもたらしている。日本経済の鉱工業生産はいまだにリーマン・ショック前の水準を回復していない。リーマン・ショックは、信用力の低い住宅購入者に融資されるアメリカの住宅ローンであるサブプライム・ローンの信用リスク、すなわち、住宅ローンを借りている債務者が返済できなくなるリスクが高まったことにより、アメリカの投資銀行であるリーマン・ブラザーズが倒産したことに端を発する世界的金融危機である。また、2011年3月11日に発生した**東日本大震災**は、東北地方の資本ストックを棄損させ、福島第一原子力発電所の事故に伴う原子力発電所の停止は電力価格の上昇をもたらした。加えて、製品が消費者に届くまでの一連の工程である**サプライ・チェーン**の寸断は、鉱工業生産を低下させた。こうした逆風のなか、日本経済は変革を迫られているのである。

7　今後の日本経済

　ここまで、戦後から現在に至る日本経済の歩みを概観した。最後に、今後の日本経済について考えてみよう。

　現代日本における経済成長率は、高度経済成長期等におけるそれと比較して総じて低調であるが、このことは実はそれほど不思議なことではない。経済成長の源泉となるのは、労働、資本、技術水準である。現在の日本は、これらに構造的な問題を抱えていると考えることができる。労働と資本については、①少子高齢化に伴い若年労働力が減少していること、②そして同時にリタイヤ世代の増加によって貯蓄率が低下していること、③若年労働者が移動すべき高収益の新産業がいまだ明確になっておらず、同時にどのような産業において資本蓄積を進めるべきかについても明確でないことが挙げられる。技術水準についていえば、欧米諸国へのキャッチアップ（追いつくこと）過程の終焉は重要なポイントである。キャッチアップ過程においては、先進国の技術を模倣することによって急速な改善が可能かもしれない。しかしながら、いったんそれが終

焉を迎えれば、自らがまったく新しい技術を生み出すための競争の先頭近くを走らなければならなくなる。どちらがより困難であるかは、火を見るより明らかであろう。これはまさに、高度経済成長期の日本と、現代の日本の大きな違いに対応している。

　日本が抱えるこうした構造的問題は、一朝一夕に解決できるものではない。少子高齢化問題の解消と若年労働力の効率的な活用、将来の発展につながる有益な資本への投資の誘導、技術革新を実現するための継続的な研究開発の支援など、わかりやすく即効性のある政策というよりはむしろ、派手さはないかもしれないが、地道かつ継続的な政策支援が必要となるはずである。こうした政策的課題を解決するため、経済学が果たすべき役割は大きい。

経済学とのつきあい方

1 これからの学び方

●——本書を振り返って

　本書では、ミクロ経済学（第1章から第3章）とマクロ経済学（第4章から第5章）の基礎、さらにはゲーム理論（第6章）の基礎と日本経済論（第7章）の概要について学習した。そこで、本章では各章の復習と今後の学習について概説する。これまで学んだように経済学は、さまざまな社会問題や経済問題を経済理論によって論理的・体系的に理解し、説明する道具を私たちに与えてくれる。本書では、経済学の入門知識を読者に与えた。以下では、本書で学んだ内容を各章ごとに簡単に振り返りながら、今後の学習について触れる。

　第1章では、資源の希少性のもとでの選択や取引などの意思決定にかかわるいくつかの経済学的な思考（機会費用や比較優位の原則）などを学習し、経済学の基礎的なロジックについて学んだ。今後は下記に記す参考文献などを用いて、インセンティブやトレードオフなどの経済学特有の考え方に習熟したうえで、効用最大化に関するさらなる精緻な議論を学習してほしい。

　第2章では、需要曲線と供給曲線の学習の過程で、物の交換がなされるための前提である価格メカニズムの基礎について学習した。読者には、私たちがこうした価格情報をもとに、第1章で学習した経済学のロジックに従って行動している側面があることを納得してもらえたのではないか。

　第3章では、第2章で学習した価格メカニズムのもとでの家計と企業の行動

について学んだ。また、価格の変化に応じて家計や企業がどのように行動するのか（弾力性）について学習した。その後、この価格メカニズムの限界について（市場の失敗）学習したのち、主に政府は一体何をすべきか（政府の公共政策）を学び、次章以降のマクロ経済学の学習につなげた。今後のミクロ経済学の学習は、市場均衡や各種規制、税金の問題などの幅広いトピックに触れると同時に、数学などを用いた精緻な議論にも触れることでより厳密に論理展開ができるよう学習してもらいたい。

　第4章では、一国経済全体の状態を考察するGDPに代表される国民所得概念について学び、その後、物価や失業率といった景気の良し悪しを判断する経済指標について学習した。同章でも指摘した通り、GDPなどは豊かさの指標の一つではあるが、ほかにもさまざまな考え方がある。今後は、参考文献を中心に多くの書籍にあたり、経済学では豊かさをどのようにとらえているのかに関する見識を深めてもらいたい。また、物価や失業率といった経済指標に関するさらなる学習は、労働市場、分配の問題、格差問題に関する学習などにつながる。加えて、経済指標をきちんと正確に理解できることは、社会の動きをつかむうえでも極めて重要であるためしっかり学習してほしい。

　第5章では、第4章で学習した豊かさの指標や景気の良し悪しを観察する指標を用いながら、長期的な豊かさの源泉となる経済成長について学習した。そのなかで、景気変動をコントロールする術を持っている政府の役割について、第3章とは異なるマクロ的な観点から学んだ。今後は、経済成長に必要な人的資本や技術進歩などのさらなるトピックの学習や、日本銀行が行っている金融政策などにも目を向けて学習してもらいたい。また、経済成長についての考え方にもさまざまな立場があるので、その辺りも学習してもらいたい。

　第6章では、昨今の経済分析では無視することができない分析ツールとなっているゲーム理論について学習した。ゲーム理論によってさまざまな場面における最適戦略など幅広い考えを学んだ。これらの考えをさらに精緻化し、企業などの組織構造、法律や慣習がなぜ存在するかを学んでほしい。さらに、本書では触れられていないが、時間の流れや情報が完全でない場合の分析なども可

能であり、興味のある読者は参考文献を利用してさらなる学習に励んでほしい。
　第7章では、これまでの日本経済の歴史を中心に、なぜ今の日本の経済状況が生じているのかを学んだ。同章でも指摘したように、歴史的な経路依存によって各国の発展段階や制度が大きく異なることが理解できたと思う。今後は、多くの経済発展史に触れながら、経済を俯瞰的に見る目を養ってほしい。

●──**経済学の分析対象**

　経済学の分析対象は幅広い。これまで学習してきたミクロ・マクロ経済学はさまざまな経済学の基礎となっており、これらの理論によって少子高齢化から、経済格差、社会保障、地域創生、移住などの居住選択、国際貿易に至るまで、ありとあらゆる分野・問題に関する分析が可能になる。本項では、その一端を紹介しよう。例えば、マクロ経済学を用いて、家計主体がどのように出産や育児などのライフプランニングを考えて行動しているのかを分析することもできる。ほかにも、日本銀行が行っている金融政策が日本経済に及ぼす影響も理解することができるようになるであろう。ミクロ経済学に習熟することで、私たちがどのような地域に居住したり移住を考えたりするのかも明らかにできるようになる。

●──**経済学との近接科目**

　経済学と関連する科目として、経営学、商学などがある。経営学は主に、企業経営に密接な関係を持つ経営戦略（経営戦略論）や企業内の人事・労務管理（人事労務管理論）、働く人々の心理的な問題（産業心理学）などを学習する学問である。経済学との関連でいえば、企業の経済学（産業組織論）、組織の経済学といわれるミクロ経済学との関連が深い。
　商学は、例えばマスコミや金融業界、交通、流通業界などの特定の個別業界を分析（マスコミ論・保険・証券論・交通論・流通論）したり、会計学の手法を用いて、企業活動の成果を記録したり、情報開示する手法（簿記論・財務諸表論）などについて学習する学問である。

2　公的試験と経済学

本節では、本書で学習した内容を利用し、さらに深く学習することで取得できる資格試験について幅広く紹介したのち、経済学を学ぶことと就職について簡単に触れる。なお、これ以降の資格試験に関する記述は、2015年10月31日現在の情報であることに注意されたい。

●──民間関係

経済学検定（ERE）

特定非営利活動法人日本経済学教育協会が主催し、全国レベルで経済学の実力を測る検定試験である。試験科目は、ミクロ経済学、マクロ経済学、財政学、金融論、国際経済、統計学となっている。本書では、国際経済や統計学以外の基礎知識について学習した。本書の知識を用いて、参考文献でさらに経済学を学んだ後、この検定を継続的に受験し、試験問題を学習することで経済学の知識をより深めることができる。この知識によってビジネスパーソンとして理解が求められる日本経済新聞などの記事の理解も可能となるであろう。

中小企業診断士

中小企業の経営課題に関するアドバイスを行う資格である。この試験に合格した者は、中小企業基本法に基づき経済産業大臣によってコンサルタント業務を行う一定の能力を有するものとみなされる。主な業務は中小企業と行政との結びつきや中小企業と金融機関の結びつきを強めることで長期的な経営戦略を策定し、経営環境の変化によるサポートを行うなどである。この資格取得には、第1次、第2次の2段階の試験に合格するか、第1次試験合格後に、中小企業大学校における研修もしくは中小企業診断士の養成機関となっている経済経営系の大学院で学び修了する方法がある。なお、中小企業診断士試験では、経済学や経済政策などが試験科目の一つとなっている。

終章　経済学とのつきあい方

ファイナンシャル・プランナー（FP）

　国家資格としてのFP技能士１級～３級と民間団体である日本FP協会主催のAFP、CFPの資格に分かれているが、そのいずれも顧客から資産や負債などの情報提出を受け、貯蓄、投資などのライフプランニングのアドバイスを行うことを目的とした資格である。主に金融業界や不動産業界に勤めている人が取得を目指す場合や資格取得後に独立を目指す人々もいる。実際、実務にこの資格が生かせるのは２級以上からである。FP試験内容のうちライフプランニングと資金計画、リスク管理、金融資産運用などの試験科目において本書で学習した内容を生かせるはずである。

銀行業務検定（２級、３級）

　銀行業務検定協会が主催する銀行、生命保険、損害保険、証券などの業務において必要となる資格である。毎年、これらの業界で働く30万人程度の労働者がこの検定を受験している。試験科目群は、業務の遂行に必要な実務知識や技能・応用力について問われるものである。法務や財務や税務などの各科目に加えて、特に、金融経済や為替の問題、資産管理などの科目は経済学を学習することで理解しやすくなるであろう。

証券アナリスト

　金融市場のプロとして株式市場、債券市場、景気動向などの経済全般の動向を分析し、上場株式の動向をレポートにまとめるなどの専門業務に従事する専門職である。この資格は、日本証券アナリスト協会が主催する「証券アナリスト教育・試験制度」に従い取得するものである。具体的には、証券の分析・評価に必要な専門的知識と技術の普及を目的に通信教育講座を受講後に、試験を実施して学習成果を認定されるものである。基礎的な分析能力を見る第１次レベルと高度の知識と実務的応用力を図る第２次レベルに分かれており、第２次試験まで合格し、かつ実務経験３年を有する者に日本証券アナリスト協会の検定会員になる資格が与えられる。なお、第１次試験の試験問題に経済科目があ

る。

不動産鑑定士

　不動産の鑑定評価に関する法律に基づき、不動産の経済価値の鑑定業務を行う国家資格である。主に土地の価格付け（公示地価）を行い、この地価をもとに課税や土地販売がなされている。この資格取得のためには短答式の1次試験、論文式の2次試験の2つの試験に合格しなければならない。本書の学習は、短答式試験における資産の流動化に関する法律や金融商品取引法の理解の基礎となり、論文式における経済学の科目の理解に資するであろう。

宅地建物取引士資格

　宅地建物取引業法によって定められた国家資格であり、主に不動産会社で働き、宅地、建物の売買や不動産の賃貸借契約などの不動産取引法務に従事する専門家である。この資格取得には宅地建物取引士資格試験に合格し、都道府県知事の資格登録を受けると同時に宅地建物取引士証の交付を受けることが必要である。本書で学習した範囲は、都市計画や税にかかわる試験内容を学習するうえで役立つであろう。

通関士

　財務省管轄の貿易に関する唯一の国家資格である。輸出入している物品にかかわる輸出入業者から税関業務を委託されることが主な業務となっている。通関書類を適切に処理し、貿易の円滑化を担う業務を担っている。他の資格と異なり、独立するよりも通関業務を行う企業の一部門で専門性を生かして勤務することが多い。同資格の試験科目のうち関税法、関税定率法その他関税に関する法律及び外国為替及び外国貿易法科目の外国為替にかかわる部分などは本書で学習する内容が学習の基礎となるであろう。

終章　経済学とのつきあい方

●――公務員試験関連

　公務員試験における重要科目として、ミクロ・マクロ経済学、財政学が存在する。この科目がほかの科目と比較して難しいという印象を持たれる要因の一つに、問題解法のために多少の数学を用いなければならないことが挙げられる。必要とされる数学の水準は中学レベルの連立方程式、一次関数に加え、高校レベルの微分などの知識も必要とされる。これらの数学の知識の取得には、尾山大輔・安田洋祐編『改訂版　経済学で出る数学－高校数学からきちんと攻める－』などがお勧めである。

　ミクロ経済学は、本書で取り上げた価格の決定や企業行動、ゲーム理論などを中心に出題がなされる。本書で取り上げることができなかったテーマ、経済厚生や不確実性と情報の項目を下記の参考文献であたり、ミクロ経済学の出題範囲の理解を進めてほしい。その後、自分に合った公務員試験対策の問題集を購入し、繰り返し問題演習を行えば、この科目の合格ラインに達する学力を得ることができるであろう。

　マクロ経済学は、本書で学習した国民所得概念や経済成長などを中心に出題がなされる。本書で取り上げることが出来なかったIS-LM分析、AD-AS分析に関する理解をもとに、国際マクロ経済学についても理解し、出題範囲を体系的に学習してほしい。その後、ミクロ経済学の問題演習方法と同様に、自分に合った問題集で繰り返し問題解法の習熟に励んでほしい。

　財政学は、序章で軽く触れたように、国家財政と地方財政の２つを対象として３つの役割（資源配分の調整、所得の再分配、経済変動の安定化）を中心に学習するものである。マクロ経済学的な観点とミクロ経済学的な観点から財政（政府による経済活動）の理論を学習する。その後、歳入や歳出といった国家のお金の使い道について学習することになる。財政学の学習には、ミクロ・マクロ経済学の知識が必須であり、財政学はミクロ・マクロ経済学の学習を終えたうえで学習する方が理解しやすいであろう。学習方法は、本書などを参考にした後、公務員講座に定評のある自分に合った参考書を１冊購入し、試験出題範囲を網羅的に学習したうえで、ミクロ・マクロ経済学の学習と同様に問題集

によって徹底的に問題解法の習熟に励んでほしい。

　最後に、公務員試験の筆記試験合格に重要なことは、法律や経済、一般教養などの幅広い試験範囲をしっかりと体系的に理解し、徹底的な問題演習によって問題解法のテクニックを学んだ後、複数の公務員試験対策業者が行っている公務員模擬試験を受験することで自分の位置を把握し、苦手科目の克服に励むことである。

●──福祉関係
社会福祉主事任用資格
　福祉系の資格として、社会福祉主事任用資格がある。この資格は、社会福祉主事として都道府県や市区町村の福祉事務所で働く際に役立つ資格である。社会福祉主事は、福祉事務所において生活保護やさまざまな社会福祉に関する業務に従事する。社会福祉主事任用資格は、大学や短大などで厚生労働大臣が指定する科目群のなかから3科目以上単位取得して卒業し、卒業証明書と成績証明書を提出することで得られる任用資格である。経済学はこの認定科目に指定されている。経済学や近接科目を学習することでこの任用資格を取得できる。なお、任用資格とは、公務員試験を突破して初めて有効になる資格であり、前述した公務員試験の項もしっかり読んでほしい。

●──経済学を用いての就職
　経済学を学習することは、多くの資格試験の学習に役立つことを理解してもらえたと思う。ただし、認定試験、資格試験や公務員試験を受験しないから経済学を学習する意味が減じられるわけではない。もちろん、民間企業への就職を希望する読者にとっても経済学の学習は有益である。昨今の就職活動期間の変更などにより、就職活動期間が長期化するなど就職のハードルが上昇している。本書で学習したような経済学のロジックを就職活動に必要な業界分析や自己分析などにしっかり役立ててほしい。経済学を学び、ある種の考え方を身につけることで社会の見方や感じ方を深化させ、より良い将来につなげてほしい。

3 今後の学習のための参考文献案内

●──ミクロ経済学（第1章から第3章）について

本書における第1章から第3章までおよび第6章がいわゆるミクロ経済学の範疇に区分される学習内容である。以下では、各章ごとに今後の学習に役立つ参考文献を挙げる。これらの文献をもとにさらなる学習に励んでほしい。

第1章：選択と取引

松本保美監修『理解しやすい政治・経済 新課程版』文英堂 2014年

序章の記述は、高校の公民科教科である「現代社会」や「政治・経済」の教科書・参考書に依拠しており、それらが一番の参考文献となる。特に、同書は、図やグラフを多用してわかりやすく記述されている。なお、評論家の佐藤優氏は、この本を社会人のスキルアップのための書籍として推薦している。

N・グレゴリー・マンキュー『マンキュー入門経済学 第2版』東洋経済新報社 2014年

同書はミクロ・マクロ経済学の基本的な概念を高校生でも理解できるような言葉と具体的な事例や図を用いて丁寧に解説している。本書では取り上げられなかった税や雇用についても触れているので、本書と一緒に学習することで幅広い基礎的な知識の習得ができるであろう。

第2章：需要・供給分析・基礎

神戸伸輔・寶多康弘・濱田弘潤『ミクロ経済学をつかむ』有斐閣 2006年

第2章の需要と供給の均衡分析、第5章の余剰分析がポイントを丁寧に

説明しており、お勧めである。同書は、消費者行動や企業行動などの特定の分野に話題を絞っているため、個々のトピックの解説が特に詳しい。

井堀利宏『入門ミクロ経済学　第2版』新世社　2004年
　ミクロ経済学の基本的なトピックからゲーム理論まで幅広いトピックが取り上げられている。加えて、各論と日本経済とのつながりなど政策論や時事問題まで取り上げられている。入門テキストにしては珍しく数式などを用いた説明もあり、本書を学習後に同様のトピックを数式で説明するとどうなるかということにも触れることができるであろう。

第3章：需要・供給分析・ビジネスと政策への応用

安藤至大『ミクロ経済学の第一歩－最初の一歩のお手伝い－』有斐閣　2013年
　同書は本書の難易度と同レベルで本書が扱わなかったミクロ経済学の応用的なトピックを含んでいる。ミクロ経済学の全体像を手軽に把握したい人は、本書を補完する書籍として利用できるであろう。

神取道宏『ミクロ経済学の力』日本評論社　2014年
　同書は本格的にミクロ経済学の学習に取り組みたい人向けの本である。数学を用いた説明を多用しており、難しいところもあると思うが、厳密な説明が丁寧になされているので根気強く読み進めてもらいたい。

●マクロ経済学（第4章から第5章）について

　本書における第4章から第5章までおよび第7章がいわゆるマクロ経済学の範疇に区分される学習内容である。以下では、各章ごとに今後の学習に役立つ参考文献を挙げる。これらの文献をもとにさらなる学習に励んでほしい。

第4章：GDP・物価・失業
嶋村紘輝・佐々木宏夫・横山将義・晝間文彦・横田信武・片岡孝夫『入門マクロ経済学』中央経済社　1999年

　数式をそれほど多用せず、初学者でも比較的取り組みやすいテキストである。順を追って読み進めていけば、学部レベルのマクロ経済学の基礎はほぼ習得できるであろう。また、演習問題のみならず、解答も丁寧に記されている。自習書として活用するのもよいだろう。ただし、第11章の経済成長の議論については、多少の数学的知識が必要となるため、他の経済成長論の書籍と対比しながら読み進めていくのが良いかもしれない。

中谷巖『マクロ経済学入門　第2版』日本経済新聞出版社　2007年

　新書であり、軽くて安価である。しかし、いわゆるケインズ経済学の基本的な内容についてはほぼ網羅している優れものである。ただ、新書ゆえに他のテキストと比較すると、多少説明が粗い部分があるかもしれない。サブテキストとして、例えば、電車での移動など、空いた時間にマクロ経済学の知識を整理する際にはうってつけである。

滝川好夫『たのしく学ぶマクロ経済学』ミネルヴァ書房　2008年

　新聞記事や統計データを織り交ぜて、ケインズ経済学の理論と実際の生活が密接にかかわりを持っているということを非常にわかりやすく記述した良書である。経済記事をしっかり読むためのきっかけになるかもしれない。執筆上の特徴として、一つのトピックを見開きで理解できるような工夫がなされている。経済学は本来、人々の生活と寄り添っている学問であるはずなので、このように理論と実際を見比べながら理解を進めるという執筆スタイルをとるのはむしろ自然なのかもしれない。

第5章：経済成長と安定化政策
中谷巖『入門マクロ経済学　第5版』日本評論社　2007年

マクロ経済学をしっかりと学習したい人が、次のステップとして購入すべき書籍である。取り上げている話題も幅広く、公務員試験対策にもうってつけである。

齊藤誠・岩本康志・太田聰一・柴田章久『マクロ経済学』有斐閣　2010年
　第5章のコラム等では、新古典派経済学について簡単に紹介した。これについては本書では扱っていないため、新古典派的なマクロモデルやマクロ経済学全般をしっかり勉強したい人は、次のステップとしてこちらを購入してほしい。

小峰隆夫・村田啓子『最新日本経済入門　第4版』日本評論社　2012年
　豊富な統計データとしっかりとした理論的な背景に基づいて、日本経済の特徴をおおむねマクロ経済学的な視点から概観している。GDPや経済成長など、第4章から第5章で扱った用語をより深く理解できる。

●ゲーム理論（第6章）について
第6章：ゲーム理論入門

渡辺隆裕『ゼミナール　ゲーム理論入門』日本経済新聞出版社　2008年
　ゲーム理論について基本的な概念からオークションなどの応用分野に至るまで、網羅的に取り扱ったテキストである。特に、事例を多く用いて、わかりやすい表現で丁寧かつ詳細に説明されている。

岡田章『新版　ゲーム理論・入門－人間社会の理解のために－』有斐閣　2014年
　ゲーム理論の基本的な概念についてより体系的に説明している入門書である。数学的表現も用いられているが、比較的平易に説明されている。ゲームの実験などについて触れられているのも特徴である。

松井彰彦『高校生からのゲーム理論』筑摩書房　2010年

上記の2冊を読む前に、「読み物」のゲーム理論関連の書籍としてお勧めの一冊である。身近な事例の説明を通じて、ゲーム理論の考え方についてやさしく紹介している。ゲーム理論を直観的に理解するのに適している本である。

●日本経済論（第7章）について
第7章：日本経済の歩み
野口悠紀雄『戦後日本経済史』新潮社　2008年
　日本経済の停滞は、戦前のシステムが残存していることから生じているのではないかという独自の視点から取り上げた良書である。石油ショックにも対応してきた経済ステムがなぜうまくいかなくなったかについて多くの事例などを挙げながら考察している。第7章とともに学習することでさまざまな見方ができるようになるのではないか。

浅子和美・飯塚信夫・篠原総一『入門・日本経済　第5版』有斐閣　2015年
　日本経済に関する定評のあるテキストであり、戦後復興期からリーマン・ショック、東日本大震災、アベノミクスといった最近のトピックまでカバーされている。わかりやすい説明で、序章において経済学の基礎知識が解説されるなど経済学の準備のない読者にも配慮されている。本書第7章を学んだ後、この文献に取り組めば、最近の日本経済まで深い理解を得ることができるだろう。

引用文献

第 1 章
1）ロビンズ, L.、辻六衛訳、中山伊知郎監修『経済学の本質と意義』東洋経済新報社　1957年　p.25

第 4 章
1）瀧本誠一編『日本経済叢書　巻六』日本経済叢書刊行会　1914年　p.10

第 5 章
1）『デジタル大辞泉』小学館
2）同上書

参考文献

・浅子和美・飯塚信夫・篠原総一『入門・日本経済　第 5 版』有斐閣　2015年
・浅子和美・石黒順子『グラフィック経済学　第 2 版』新世社　2013年
・安藤至大『ミクロ経済学の第一歩－最初の一歩のお手伝い－』有斐閣　2013年
・市岡修『経済学－エコノミックな見方・考え方－』有斐閣　2000年
・井堀利宏『入門ミクロ経済学　第 2 版』新世社　2004年
・大塚哲『聴くだけ政治・経済』学研教育出版　2012年
・岡田章『新版　ゲーム理論・入門－人間社会の理解のために－』有斐閣　2014年
・小川一仁・川越敏司・佐々木俊一郎『実験ミクロ経済学』東洋経済新報社　2012年
・尾山大輔・安田洋祐編『改訂版　経済学で出る数学－高校数学からきちんと攻める－』日本評論社　2013年
・梶井厚志『戦略的思考の技術－ゲーム理論を実践する－』中央公論新社　2002年
・金森久雄・荒憲治郎・森口親司編『有斐閣経済辞典　第 5 版』有斐閣　2013年
・金森久雄・大守隆『日本経済読本　第19版』東洋経済新報社　2013年
・神取道宏『ミクロ経済学の力』日本評論社　2014年
・神戸伸輔・寶多康弘・濱田弘潤『ミクロ経済学をつかむ』有斐閣　2006年
・小林弘明・山田久・佐野晋一・武田巧『入門マクロ経済学－大きくつかむ経済学のエッセンス－』実教出版　2010年
・小峰隆夫・村田啓子『最新日本経済入門　第 4 版』日本評論社　2012年
・齊藤誠・岩本康志・太田聰一・柴田章久『マクロ経済学』有斐閣　2010年

引用・参考文献

- 嶋村紘輝・佐々木宏夫・横山将義・畫間文彦・横田信武・片岡孝夫『入門マクロ経済学』中央経済社　1999年
- 滝川好夫『たのしく学ぶマクロ経済学』ミネルヴァ書房　2008年
- 釣雅雄『入門日本経済論』新世社　2014年
- 内閣府経済社会総合研究所企画・監修、樋口美雄編『バブル／デフレ期の日本経済と経済政策6　労働市場と所得分配』慶應義塾大学出版会　2010年
- 中谷巌『マクロ経済学入門　第2版』日本経済新聞出版社　2007年
- 中谷巌『入門マクロ経済学　第5版』日本評論社　2007年
- 日本エネルギー経済研究所『平成24年度電源立地推進調整等事業（諸外国における電力自由化等による電気料金への影響調査）報告書』2013年
- 野口悠紀雄『戦後日本経済史』新潮社　2008年
- 福田慎一『金融論－市場と経済政策の有効性－』有斐閣　2013年
- 藤井剛『詳説政治・経済研究　第2版』山川出版社　2010年
- 松井彰彦『高校生からのゲーム理論』筑摩書房　2010年
- 松下正弘・大住圭介・中込正樹・平沢典男『チャートで学ぶ経済学』有斐閣　1990年
- 松本保美監修『理解しやすい政治・経済　新課程版』文英堂　2014年
- 武藤滋夫『経済学入門シリーズ－ゲーム理論入門－』日本経済新聞社　2001年
- 八代尚宏『日本経済論・入門－戦後復興からアベノミクスまで－』有斐閣　2013年
- 山方竜二「非協力ゲームの基礎」塩澤修平・石橋孝次・玉田康成編著『現代ミクロ経済学－中級コース－』有斐閣　2006年
- 家森信善・小川光『基礎からわかるミクロ経済学　第2版』中央経済社　2007年
- 渡辺隆裕『ゼミナール　ゲーム理論入門』日本経済新聞出版社　2008年
- Adam Smith, "An Inquiry into the Nature and Causes of the Wealth of Nations", 1776（アダム・スミス、山岡洋一訳『国富論（上・下）－国の豊かさの本質と原因についての研究－』日本経済新聞出版社　2007年）
- N・グレゴリー・マンキュー『マンキュー入門経済学　第2版』東洋経済新報社　2014年
- ジョセフ・E・スティグリッツ、カール・E・ウォルシュ『スティグリッツ入門経済学　第4版』東洋経済新報社　2012年

演習問題解答

第1章

1. (1)
パソコンの生産可能な最大量が増加するので縦軸の切片が上にシフトし、生産可能性曲線は図のように変化する。

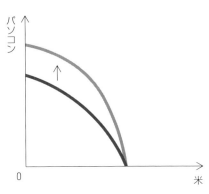

1. (2)
米の生産可能な最大量が減少するので横軸の切片が左にシフトし、生産可能性曲線は図のように変化する。

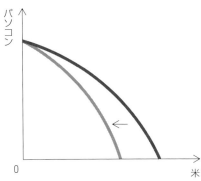

1. (3)
パソコン、米ともに生産可能な最大量が減少するので、生産可能性曲線は左下にシフトする。

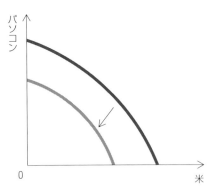

2.

女性にとっての結婚の機会費用、すなわち結婚によって失う便益は、独身のまま働き続けることによって得られる給料や、独身としての自由な時間である。女性の就業機会の拡大や賃金の上昇、さらには自由なライフスタイルを尊重する価値感の高まりは、結婚の機会費用を増加させる要因となる。

3. (1)

毛織物、ワインともに1単位生産するための労働者数はポルトガルの方が少ないので、毛織物、ワインともにポルトガルが絶対優位を持つ。

3. (2)

毛織物とワインを1単位生産することの機会費用を求めると、それは以下のようになる。

	機会費用	
	毛織物1単位	ワイン1単位
イギリス	ワイン100／120単位	毛織物120／100単位
ポルトガル	ワイン90／80単位	毛織物80／90単位

ワインを1単位生産することの機会費用はポルトガルの方が小さい。よって、ワインの比較優位はポルトガルが保持している。

3. (3)

表より毛織物を1単位生産することの機会費用はイギリスの方が小さいので、イギリスは毛織物の生産に比較優位を持っている。よって、イギリスは毛織物を輸出してワインを輸入することによって利益を得る。なおこの場合、ポルトガルは両方の財に絶対優位があるが、比較優位を持つワインを輸出して毛織物を輸入することで利益を得る。

第2章
1．(1)
トマトを買う人が増えたということ は、トマトの需要が増えたということ である。したがって、需要曲線は右側 へシフトする。このため、市場均衡は 右上に移動し、価格は値上がりし、取 引量は増加する。

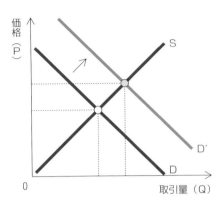

1．(2)
野菜の出荷量が減少したということ は、野菜の供給量が減少したというこ とである。したがって、供給曲線が左 側へシフトする。このため、市場均衡 は左上にシフトし、価格は値上がりし、 取引量は減少する。

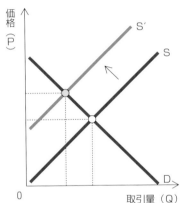

2．(1)
ソーラーパネルの出荷量が増加したの で、供給曲線は右側へシフトする。し たがって、市場均衡は右下にシフトし、 価格は値下がりし、取引量は増加する。 このため消費者余剰は増加する。生産 者余剰は、取引量の増加による効果が、 値下がりの効果を上回るなら増加し、 下回るなら減少する。社会的総余剰は 増加する。

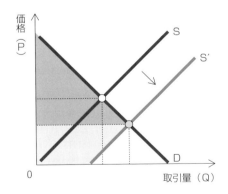

184

2.(2)

既存モデルの車の売り上げが減少したので、需要曲線は左側にシフトする。したがって、市場均衡は左下にシフトし、価格は値下がりし、取引量は減少する。このため生産者余剰は減少する。消費者余剰は、値下がりの効果が、取引量の減少の効果を上回るなら増加し、下回るなら減少する。社会的総余剰は減少し、超過負担が発生する。

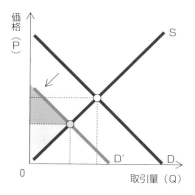

3.(1)

たばこメーカーにたばこ1本当たり10円の税金を課税するので、たばこの供給コストが増えるということになる。したがって供給曲線は左側へシフトする。市場均衡は左上にシフトし、価格は値上がりし、取引量は減少する。消費者余剰は減少し、社会的総余剰も減少する。

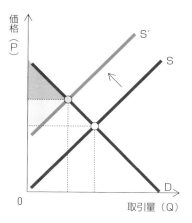

3.(2)

喫煙者に対したばこ1本当たり10円の税金を徴収するので、喫煙者のたばこ需要を下げるということになる。したがって需要曲線は左側へシフトする。市場均衡は左下にシフトし、価格は値下がりし、取引量は減少する。生産者余剰は減少し、社会的総余剰も減少する。

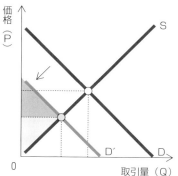

第3章
1．(1)
パソコンの需要の価格弾力性＝$-\frac{-0.07}{0.05}$＝1.4＞1．よって、企業は値下げすべき。

1．(2)
スーツの需要の価格弾力性＝$-\frac{\frac{236着-200着}{200着}}{\frac{2万4,000円-3万円}{3万円}}$＝$-\frac{\frac{36}{200}}{\frac{-6,000}{30,000}}$＝$\frac{0.18}{0.2}$＝0.9＜1．
よって、企業は値上げすべき。

2．
スーパーマーケットの店内で缶コーヒーを買おうとする人は、レジに並んで時間が掛かっても安く買えることを優先する人で、価格の変化に敏感である。よって、店内の缶コーヒーの需要の価格弾力性は大きいと考えられ、定価より安く売られている。一方、自動販売機で缶コーヒーを買おうとする人は、高い価格であっても適温ですぐに手に入れることを優先する人である。よって、自動販売機の缶コーヒーの需要の価格弾力性は小さいと考えられ、（店内の価格よりも高い）定価で販売されている。

3．
問題の図について、以下の通りに文字を設定する。

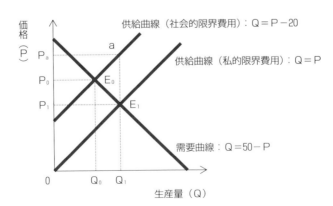

演習問題解答

3．(1)
私的限界費用のみを考慮した場合の均衡点はE_1であり、その均衡価格P_1と均衡生産量Q_1は、需要曲線：$Q=50-P$と供給曲線（私的限界費用）：$Q=P$の連立方程式を解くことによって求められ、$P_1=25$と$Q_1=25$を得る。

3．(2)
同様に、社会的限界費用を考慮した場合の均衡点はE_0であり、その均衡価格P_0と均衡生産量Q_0は、需要曲線：$Q=50-P$と供給曲線（社会的限界費用）：$Q=P-20$の連立方程式を解くことによって、$P_0=35$と$Q_0=15$を得る。

3．(3)
本文の説明より、死荷重の大きさは$\triangle aE_0E_1$である。$\triangle aE_0E_1$の面積を計算するのに必要な値はQ_1、Q_0、P_1、P_aであり、すでに(1)と(2)でQ_1、Q_0、P_1は求めたので、残りのP_aを計算する。P_aは点aに対応しているので、同じく点aに対応している$Q_1=25$を供給曲線（社会的限界費用）：$Q=P-20$に代入することによって$P_a=45$を得る。よって、$\triangle aE_0E_1$の面積は、$\frac{1}{2} \times aE_1 \times Q_1Q_0 = \frac{1}{2} \times P_aP_1 \times Q_1Q_0 = \frac{1}{2} \times 20 \times 10 = 100$

第4章

1．(1)
$(1 \times 150) + (2 \times 150) = 450$

1．(2)
$(2 \times 200) + (1.3 \times 200) = 400 + 260 = 660$

1．(3)
$(1 \times 200) + (2 \times 200) = 600$

1．(4)
$\frac{660}{600} \times 100 = 110$

2．
t 年に消費者がりんご 4 個とみかん 2 個を買うために必要な金額は、（4×200）＋（2×50）＝900となり、同様に、t＋1年に消費者がりんご 4 個とみかん 2 個を買うために必要な金額は、（4×100）＋（2×25）＝450となる。t＋1年の消費者物価指数を x とおくと、x：100＝450：900となり、ゆえに x＝50となる。

3．(1)
250＋80＋120－5＋60－50＝455

3．(2)
455－90－30＋10＝345

3．(3)
345＋10－5＝350

第 5 章

1．(1)
$\frac{10}{3}$ または 3.333…
限界消費性向が0.7であることから、1÷（1－0.7）＝10/3となる。

1．(2)
410
総需要を表す関係式に消費関数を代入すると、
Y^D＝80＋0.7（Y－30）＋54＋10＝0.7Y＋123となり、
Y^D＝Y（＝Y^S）としてYについて解けば、0.3Y＝123⇔Y＝123×$\frac{10}{3}$＝410となる。

1．(3)
デフレギャップ
Y^*＝410、Y^f＝460であることから、Y^*＜Y^fが成り立つ。

1．(4)
15
ΔGだけ政府支出を増やしたときの総需要は以下の通り。
$$Y^D = 0.7Y + 123 + \Delta G$$
この直線が完全雇用GDP水準に対応する点（Y, Y^D）＝(460, 460)を通るとき、均衡GDPと完全雇用GDPが一致することになる。上の関係式に代入して、
$$460 = 0.7 \times 460 + 123 + \Delta G$$
これをΔGについて解けばよい。各自、図を描いて確認すること。

2．

(1) 限界消費性向が0.2であることから、可処分所得が200万円増加した場合の消費の増加分は40万円となる（200万円×0.2＝40万円）。よって、貯蓄の増加分は200万円－40万円＝160万円となる。

(2) 中央銀行が国債を売却した場合（売りオペ）、金利が上昇して投資は抑制される。これを金融引き締めという。

(3) 45度線モデルにおいて、政府・中央銀行による適切な経済政策のもとで完全雇用GDP水準が達成される。

(4) 大卒求人倍率が低いとすれば、大学卒業者に対して、企業の求人が少ないことになる。

(5) 正しい。

第6章

1．
問題文のゲームを戦略形で表現すると、次の通りとなる。まずプレイヤーは夫と妻の2人、各プレイヤーの戦略は夫、妻ともに"掃除を行う"か"掃除を行わない"となる。そして両者の利得は以下の利得行列で表すことができる。

妻 ＼ 夫	掃除を行う	掃除を行わない
掃除を行う	2、2	1、4
掃除を行わない	4、1	0、0

次にこのゲームのナッシュ均衡を求める。まず夫について、妻が"掃除を行う"を選ぶと予想した場合の最適反応は"掃除を行わない"、妻が"掃除を行わない"を選ぶと予想した場合の最適反応は"掃除を行う"となる。一方妻については、夫が"掃除を行う"を選ぶと予想した場合の最適反応は"掃除を行わない"、夫が"掃除を行わない"を選ぶと予想した場合の最適反応は"掃除を行う"となる。したがって、ナッシュ均衡は両者の戦略が最適反応となる戦略の組、("掃除を行わない"、"掃除を行う")と、("掃除を行う"、"掃除を行わない")の2つとなる（以下の表参照）。

妻＼夫	掃除を行う	掃除を行わない
掃除を行う	2 、 2	①、④
掃除を行わない	④、①	0 、 0

2.
問題文のゲームをゲームの木で表現すると以下の図の通りとなる。

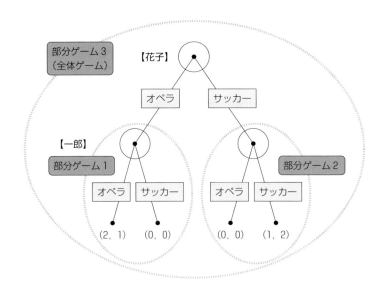

図の通り、部分ゲームは一郎の2つの情報集合から始まる2つと全体ゲームの計3つとなる。ここで、後ろ向き推論法により部分ゲーム完全均衡を求めると次の通りとなる。部分ゲーム1では一郎の"オペラ"がナッシュ均衡に、部分ゲーム2では一郎の"サッカー"がナッシュ均衡となる。この結果で置き換えた全体ゲームでは、花子の"オペラ"がナッシュ均衡となるので、このゲームの部分ゲーム完全均衡は、("オペラ"、"オペラ"－"サッカー")となり、両プレイヤーは一緒に"オペラ"を見に行くことになる（以下の図参照）。
（注：部分ゲーム完全均衡を表すときには、すべての部分ゲームのナッシュ均衡を示す必要があるので、一郎の戦略を部分ゲーム1のナッシュ均衡戦略、2のナッシュ均衡戦略の順に「"オペラ"－"サッカー"」と表している）

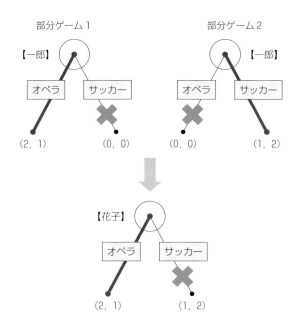

3．
クールノー・ナッシュ均衡を求めるために、まず家電量販店1および家電量販店2の最適反応戦略を求める。まずこのゲームを、戦略形を用いて表現すると以下の通りとなる。

プレイヤー：家電量販店1および家電量販店2（n＝2）
各家電量販店の戦略：$q_i \geq 0$（i＝1，2）
利得：$\pi_i(q_i, q_{-i}) = P \times q_i = q_i[120-(q_i+q_{-i})]$（$P=120-(q_i+q_{-i})$：逆需要関数）

次に販売量q_2を所与とした場合（q_2^*とする）の家電量販店1の最適反応戦略を求める。その際、いくつかのケースに場合分けして考える。
①$q_2^* > 120$のとき
　家電量販店1の利得は$q_1 > 0$なら負、$q_1 = 0$なら0なので、最適反応（戦略）は$q_1^* = 0$となる。
②$q_2^* \leq 120$のとき
　まず、$q_1 > 120-q_2$となるq_1については、家電量販店1の利潤は負となるので、以降では$q_1 \leq 120-q_2$の場合のみを考える。このときの家電量販店1の利得は$\pi_1(q_1, q_2^*) = q_1[120-(q_1+q_2^*)]$となる。

この利得を最大にするのは、家電量販店1の利潤最大化の1階の条件より、$q_1^* = \frac{1}{2}(120-q_2^*)$となり、$120 \geq q_2^*$であれば、これが家電量販店1の最適反応となる。一方$120 < q_2^*$のときには、家電量販店1は販売量を増やせば増やすほど利得が減少するので、この場合の家電量販店1の最適反応は$q_1^* = 0$となる。結局、家電量販店1の最適反応戦略は、

$$\begin{cases} 120 \geq q_2^* \text{なら} q_1^* = \frac{1}{2}(120-q_2^*) \\ 120 < q_2^* \text{なら} q_1^* = 0 \end{cases}$$

となる。

同様に家電量販店1の販売量を所与としたとき（q_1^*とする）の家電量販店2の最適反応を求めると、

$$\begin{cases} 120 \geq q_1^* \text{なら} q_2^* = \frac{1}{2}(120-q_1^*) \\ 120 < q_1^* \text{なら} q_2^* = 0 \end{cases}$$

となる。これを図示したのが次の図である。

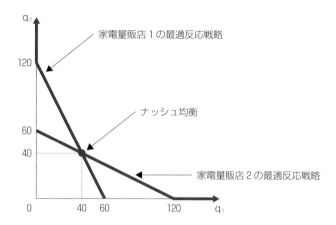

図の直線はそれぞれ家電量販店1および家電量販店2の最適反応の動きを示す最適反応関数であり、その交点では両家電量販店ともに最適反応戦略となっているので、このゲームのナッシュ均衡、すなわちクールノー・ナッシュ均衡となる。なお、クールノー・ナッシュ均衡における両家電量販店の販売量は、連立方程式

$$\begin{cases} q_2^* = \frac{1}{2}(120 - q_1^*) \\ q_1^* = \frac{1}{2}(120 - q_2^*) \end{cases}$$

の解となるので、
$q_1^* = q_2^* = \frac{120}{3} = 40$となり、またそのときの両家電量販店の利潤は、
$\pi_1^* = \pi_2^* = \frac{(120)^2}{9} = 1,600$となる。

索引

あ

IT景気　163
赤字国債　17
アドバースセレクション　78
安定恐慌　157
いざなぎ景気　158
いざなみ景気　163
イノベーション　25
岩戸景気　157
インフレーション　113、156
インフレギャップ　113
失われた10年　163
失われた20年　163
後ろ向き推論法　147
売りオペ　120
SNA　97
NI　95
NNP　95
NDP　91
円高　15
円高不況　161
円安　15
オークション　132、150
オープン・マーケット・オペレーション　19、120
オリンピック景気　157

か

買いオペ　120
外国為替　15
外部経済　75
外部性　74
外部費用の内部化　83

外部不経済　75
価格　43
価格支配力　45
価格設定　72
下級財　69
可処分所得　109
寡占　76
貨幣　14
神の見えざる手　32
為替レート　15
間接金融　19
間接税　17
完全競争市場　45、74
完全雇用　102
完全雇用GDP　112
完全失業率　102
機会費用　26、34
機会費用最小化　28
機会費用逓増　27
企業物価指数　100
技術革新　25
技術進歩　25
技術水準　125
帰属計算　96
基礎的財政収支対象経費　17
逆資産効果　162
逆選択　78
供給　43
供給曲線　43
共有地の悲劇　139
狂乱物価　160
均衡価格　46
均衡GDP　111

索引

均衡取引量　46
金融緩和　121
金融機関　18
金融政策　120
金融引き締め　121
クールノー・ナッシュ均衡　142
クールノー複占競争　142
クラウディングアウト効果　123
景気循環　113
経済システム　11
経済循環　14
経済成長　25、113
経済体制　11
経済の民主化　157
傾斜生産方式　156
ケインジアン　108
ゲーム的状況　131
ゲームの木　143
限界外部費用　81
限界効用　43
限界消費性向　110
限界費用　44
現金通貨　14
建設国債　17
公開市場操作　19、120
公共財　16、75
公定歩合　159
高度経済成長　157
効用　43
効用最大化　43
合理的経済人　26
合理的行動仮説　26
国債　17
国際収支の天井　158
国債費　17
国内純生産　91
国内所得　92
国内総固定資本形成　98
国内総生産　89

国民経済　13
国民経済計算　97
国民純生産　95
国民所得　95
国民所得倍増計画　157
国民総幸福量　96、116
国民総所得　95
国民総生産　94
コスト　26
固定資本減耗　91
混合資本主義経済　12

さ

サービス　10
財　10
在庫品増加　98
最終生産物　89
歳出　17
財政　16
財政構造改革　163
財政政策　118
財政の役割　16
最低賃金制度　56
最適反応（戦略）　135
歳入　17
財閥解体　157
裁量的財政政策　16、118
さざ波景気　162
サプライ・チェーン　164
サンクコスト　29
三種の神器　157
GNI　95
GNH　96、116
GNP　94
死荷重　58
資源の希少性　11、21
資源配分の効率　11
資源配分の非効率性　24
資産インフレ　162

資産デフレ　162
市場　31、43、45
市場均衡　46
市場の失敗　12、16、74
市場不均衡　46
市場メカニズム　11、32、48
市場メカニズムの効率性　56、58
市中消化の原則　17
実質GDP　94
実質GDP成長率　114
GDP　89
GDPギャップ　120
GDPデフレーター　102
実験経済学　47
私的限界費用　81
自動安定化装置　16
自発的失業　24、102
支払意思額　41
支払許容額　41
資本　124
資本財　10
資本主義市場経済　11
シャウプ勧告　156
社会資本　16
社会主義計画経済　11
社会主義市場経済　12
社会的限界費用　81
社会的ジレンマ　139
社会的総余剰　55
奢侈品　66
収穫逓減の法則　24
囚人のジレンマ　136
縮小均衡　50
需要　41
需要曲線　43
需要の価格弾力性　64
需要の所得弾力性　68
上級財　68
乗数効果　120

消費関数　109
消費財　10
消費者物価指数　99
消費者余剰　54
情報集合　145
情報の非対称性　77
所得分配の公平　11
所得分配の不平等　12
新古典学派　108
新三種の神器　158
信憑性のない脅し　146
神武景気　157
スタグフレーション　160
生産可能性曲線　21、22
生産可能性曲線のシフト　25
生産可能性フロンティア　22
生産関数　126
生産者余剰　55
生産要素　10、124
正常財　68
成長会計　127
正の外部性　75
政府最終消費支出　98
政府支出乗数　120
政府の公共政策　79
絶対優位　34
潜在成長率　127
戦略　133、135
戦略形表現　133
総供給　107
総需要　107
総需要管理政策　118
租税　17

た

第1次オイル・ショック　160
第2次オイル・ショック　160
第2次平成不況　163
太平洋ベルト地帯　157

男女の争い　133
地方交付税制度　156
中央銀行の役割　19
中間生産物　89
超過供給　46
超過需要　45
超過負担　46、58
朝鮮特需　157
直接金融　19
直接税　17
貯蓄　14
DI　92
デフレーション　113、157
デフレギャップ　113
展開形表現　143
電力自由化　59
投資　14
独占　76
独立消費　110
特例国債　17
特化　31
ドッジ・ライン　156
トレードオフ　11、23

な

ナッシュ均衡　135
ニクソン・ショック　159
日本銀行　17、19
日本的経営　163
日本列島改造論　159
農地改革　157

は

バブル経済　161
比較優位　36
比較優位に基づく分業　36
比較優位の原理　33
東日本大震災　164
非競合性　75

ピグー税　81、83
非自発的失業　24、102、118
必需品　66
非排除性　75
費用　26
ビルト・イン・スタビライザー　16
フィスカル・ポリシー　16
付加価値　91
不完全競争　76
複合不況　162
複占　76
物価　99
物価指数　99
負の外部性　75
部分ゲーム完全均衡　148
プラザ合意　161
フリーライディング　76
プレイヤー　133
ブレトンウッズ体制　159
分業　11、31
平成景気　161
平成不況　162
ペティ＝クラークの法則　124
便益　26
変動相場制　15
貿易摩擦　161
ホモ・エコノミクス　26

ま

埋没費用　29
前川レポート　161
摩擦的失業　102
ミクロ的基礎付け　109
民間最終消費支出　98
名目GDP　94
メインバンク　157
モラルハザード　78

や

家賃統制　58
輸出　15
輸入　15
預金通貨　14
余剰分析　53
45度線モデル　108

ら

ライフサイクル仮説　128

リーマン・ショック　164
利得　133
利得行列　134
利得表　134
累進課税制度　16、156
劣等財　69
労働関係の民主化　157
労働生産性　30
労働分配率　117
労働力　124

経済学概論

2016年4月15日	初版第1刷発行
2024年3月1日	初版第6刷発行

編　　者	矢口和宏・坂本直樹
発 行 者	竹鼻均之
発 行 所	株式会社 みらい
	〒500-8137　岐阜市東興町40　第5澤田ビル
	TEL　058-247-1227(代)
	FAX　058-247-1218
	https://www.mirai-inc.jp/
印刷・製本	サンメッセ株式会社

©Kazuhiro Yaguchi, Naoki Sakamoto, Printed in Japan
ISBN 978-4-86015-378-6　C3033
乱丁本・落丁本はお取替え致します。